Fritz Roth

# Die olympische Idee
# ist zu retten

*Eine Denkschrift*

*Die olympische Idee ist zu retten*
*Eine Denkschrift*

3. Auflage Februar 2023
Layout und Realisierung: Jochen Fröhlich, jfroehlich@geiersberg.de
Herstellung und Verlag: BoD - Books on Demand, Norderstedt
ISBN: 978-3-73473-698-8
Printed in Germany

Bibliografische Information der Deutschen Nationalbibliothek:
Die Deutsche Nationalbibliothek verzeichnet diese Publikation in der
Deutschen Nationalbiografie; detaillierte bibliografische Daten sind im
Internet über http://dnb.d-nb.de abrufbar.

# Inhalt

# Vorwort

„Die Jugend der Welt soll sich friedlich versammeln, sie soll unter gleichen Bedingungen Sport miteinander treiben aber nicht als Gegner sondern als Freunde, die der Sport verbindet. So sollen sich Menschen aus der ganzen Welt besser kennenlernen und das soll dem Frieden auf der Welt dienen. Denn wenn sich Menschen gut kennen, wenn sie fair miteinander umgehen, dann leben sie auch friedlich miteinander". Diese vielbeschriebene Olympische Idee wird seit 1896 im Zyklus von vier Jahren durch die Veranstaltung von Olympischen Spielen mit Realität zu füllen versucht. IOC-Präsident Thomas Bach hat das „Gebot des Olympischen Friedens" gebetsmühlenartig anlässlich der Eröffnung der Winterspiele am 4. Februar 2022 wiederholt. Vor Olympia beschließt die UNO seit 1993 (für die Winterspiele in Lillehammer 1994) regelmäßig einen Appell zur Waffenruhe, zuletzt 2021. Auf der 76. UN-Generalversammlung wurde die Resolution „Aufbau einer besseren Welt durch Sport und das Olympische Ideal" von 193 Mitgliedsstaaten einvernehmlich angenommen – auch von Russland. Die Idee des Friedens ist also ein wesentlicher Bestandteil von Olympia. Willi Daume hat sie in seinem Grußwort zu „Rückkehr nach Olympia" hervorgehoben.

Ob jedoch ausgerechnet der moderne Sport mit seinen Voraussetzungen und Folgen das probate Mittel für eine solche Verständigung der Völker sein kann, oder ob diese „Olympische Idee" eine Randerscheinung der Geschichte bleiben wird, ja sogar gänzlich ihre Daseinsberechtigung verliert, sich in

Weltmeisterschaften der Sportverbände auflöst, tangiert das IOC mehr und mehr. Das IOC mit Sitz in Lausanne ist ein nach Schweizer Recht eingetragener Verein und seit 1896 bis heute Träger des Olympischen Gedankens und Veranstalter der Olympischen Spiele.

Im Hinblick auf Friedensförderung zeigte die Olympische Idee bisher keinerlei Wirkung. Deshalb ist zu Recht noch nie einem Präsidenten des IOC der Friedensnobelpreis zuerkannt worden. Die anfänglichen Versuche einer Realisierung fielen in das Zeitalter des Imperialismus, des Ringens der Nationen um die Macht in der Welt. Das IOC konnte dazu kein Gegengewicht entwickeln, insbesondere nicht verhindern, dass Olympia unberücksichtigt blieb, wenn Kriege geführt werden sollten.[1] Am 8. August 2008, dem Tag der Eröffnung der Sommerspiele 2008 in Peking an der Putin teilnahm, setzte sich das russische Militär nach Georgien in Bewegung.

Kurz nach dem friedlichen Treffen der Jugend der Welt zu den Olympischen Winterspielen 2014 in Sotschi annektierte Russland militärisch die Halbinsel Krim zurück in das russische Reich. Aus Rücksicht auf das Gastgeberland China wartete Putin auch 2022 das Ende der Spiele ab, ehe er am 24. Februar seine Truppen in die Ukraine einrücken ließ. Er hatte sich dazu bei der Eröffnungsfeier mit China-Präsident Xi Jinping getroffen. Der scheinheilige Versuch von Fifa-Präsident und IOC-Mitglied Gianni Infantino, eine Woche vor der Eröffnung der Fußball-WM 2022 auf dem G 20-Gipfel in Bali zu einem Waffenstillstand im Russland-Ukraine-Krieg aufzurufen, sei nur der Vollständigkeit halber erwähnt.

---

[1] Der japanisch-chinesische Krieg 1938, der deutsche Einmarsch in Polen 1939, der russische Einmarsch in Afghanistan 1979, die chinesische Besetzung Tibets 2007 haben die bevorstehenden Olympiaden 1940, 1980 und 2008 nicht im Auge gehabt. Die damalige Sowjetunion schlug 1956 ohne Rücksicht auf Olympia im gleichen Jahr den Ungarn-Aufstand nieder; siehe auch: DE v. 10. März 2015 „Putin: So holten wir uns die Krim".

Auffällig ist, dass das IOC aus den Vergaben der Veranstaltungsorte vor dem 2. Weltkrieg an Diktaturen wie Berlin (1936) und Tokio (1940) bis heute offensichtlich nichts reflektieren will. Zwar beginnen heute Kriegshandlungen weiterhin ohne Rücksicht auf die Olympischen Spiele und deren Olympische Idee zumeist unter Behauptungen, die höherem Verständnis nicht zugänglich sind. Aber Diktatoren haben sich schon immer eingebildet, eine eigene historische Mission zu haben.[2] Warum vergibt das IOC trotzdem die Austragung „seiner" Olympischen Spiele an Autokratien? Hat sich 1936 etwas an der Nazi-Herrschaft geändert[3], 2008 in China oder 1980/2014 in Russland? Oder hat nicht im Gegenteil Olympia diese Regentschaften stärker gemacht, Xi Jinping gar zur Rückkehr auf die Weltbühne verholfen? Die Gegenfrage lautet nicht, warum bewerben sich so wenige demokratisch geführte Staaten? Sie heißt vielmehr: Verwaltet das IOC die Olympische Idee noch zeitgemäß, dass die Veranstaltung von olympischen Spielen bei allen Staaten Interesse weckt?

Die Welt hat sich – historisch gesehen – in rasendem Tempo verändert. Neue Techniken und Informationsmittel wurden entwickelt, das kommunistische Imperium brach zusammen, neue Länder kehrten auf die Landkarte zurück, die Kommerzia-

---

2)   Zu den Vorstellungen einer Mission bei Adolf Hitler: Straumann S. 119 mit weiteren Nachweisen. Die Mission Putins gipfelt in der Wiederherstellung eines großrussischen Reiches – dazu Atai S. 32 ff. Der Bürgermeister von Kiew und ehemalige Box-Weltmeister Vitali Klitschko prognostizierte bereits 2014: „Putin ist krank. Putin hat es tatsächlich geschafft, was ich nie für möglich gehalten hätte: dass jemand unsere beiden Brüdervölker gegeneinander aufwiegeln kann. Ich weiß, wovon ich rede. Meine Mutter ist Russin. Putin will eine neue Sowjetunion aufbauen und für dieses riesige Imperium braucht er die Ukraine". – zitiert nach FAZ v. 5. März 2022 „Das Schwergewicht von Kiew". Das französische Investigationsblatt „Mediapart" bezeichnete Putin in der Ausgabe vom November 2022 als „Krimineller im Politiker-Kostüm" unter Verweis auf die zahlreichen erschossenen, vergifteten oder dubios verunglückten Oppositionellen..
3)   Sehr anschaulich dazu die Schilderungen von Hilmes und Herzog S. 21ff.

lisierung des Sportes wuchs. Die Olympische Idee aber blieb die gleiche – wird vom IOC unverändert hochgehalten, auch wenn es im Sportbereich ebenfalls Umwälzungen gegeben hat. Freizeitbereich und Freizeitverhalten gewannen an Bedeutung, neue Sportarten entstanden und wurden olympisch anerkannt. Traditionssportarten wie Boxen, Gewichtheben und im Winter die Nordische Kombination wurden in Frage gestellt.[4] Sind angesichts des Weltenwandels die Werte der Olympischen Idee noch ein Kind unserer Zeit mit der Chance auf Besinnung für ein gedeihliches Miteinander der Kulturen? Oder ist sie nur noch Staffage, Tarnung für vielfältig monetären Hintersinn?

Warum drängt sich diese Frage gerade zu den Olympischen Winterspielen in Peking 2022 auf? Der Veranstaltungsort ist bis zu seiner zweiten Vergabe nicht durch natürlichen, wintersportnahen Schneefall aufgefallen, durch sonderliche chinesische Erfolge im Wintersport abgesehen vom Hallensport „Short Track" auch nicht. Er gleicht deshalb einem brodelnden Tiegel der unterschiedlichen Sichtweisen.[5]

---

4) So wurden Skeleton, Monobob für Frauen, Sportklettern und Golf olympisch – dazu FAZ v. 9. August 2021 „Sportarten kippen" und „Dringender Handlungsbedarf". Für Paris 2024 stehen Gewichtheben – FAZ v. 9. April 2021 „Ich bin betrogen worden" und v. 6. Aug. 2021 „Der letzte Versuch" und der Moderne Fünfkampf (wegen der Vorgänge beim Reiten in Tokio 2021) auf der Streichliste, sowie die Nordische Kombination für die Winterspiele – FAZ v. 27. Juni 2022. Das Boxen – FAZ v. 15. Dez. 2020 „Der vorbelastete Präsident" und v. 9. Okt. 2021 „Betrügende Bastarde" – blieb auch für 2024 abgesetzt. Die genannten Ersatzsportarten Wushu, Wakeboarding, Rollschuhsport, Squash gehen wohl mehr auf den IOC-Vermarktungswillen, als auf ihren Bekanntheitsgrad als verbreitete Weltsportart zurück.

5) Dazu Reinhard Backes „Im Zeichen der Macht" in: Das Parlament v. 19. Mai 2008. Peter Navarro: „Der Kampf um die Zukunft – Die Welt im chinesischen Würgegriff". DE v. 27. Jan. 2022 „Wird Peking ein Sündenpfuhl wie Sotschi?"

Hier das IOC mit der nostalgisch verkörperten Vorstellung, dort die chinesische Autokratie, der an einem Frieden in der Welt nur im eigenen Interesse liegt, der aber vor allem daran gelegen ist, ihren weltpolitischen Einfluss auch mit Hilfe dieser Veranstaltung „Olympia" auszubauen.

Sie ließ deshalb sogar Wintersportanlagen in Naturschutzgebiete bauen[6], die noch nie einen Wintersportler gesehen hatten und sie ließ vorab allen anreisenden Teilnehmern schon einmal eine Warnung zukommen, das Recht auf freie Meinungsäußerung ja nicht genau zu nehmen oder gar ernsthaft zu beanspruchen.[7]

Das Spannungsverhältnis von Sport und Politik wurde kaum jemals deutlicher als in diesem Tiegel. Selten waren Spiele so umstritten wie die in Peking.

Hier das IOC als nichtstaatliche Organisation mit seinem offiziellen Neutralitätsanspruch, fern der Politik zu sein und sich nicht in diese einzumischen, wie der für die Organisation der Spiele verantwortliche IOC-Exekutivdirektor Christopher Dubi in der ARD-Sendung am 31. Januar 2022 „Spiel mit dem Feuer – Wer braucht noch solche Olympischen Spiele" als weiterhin geltende Doktrin des IOC zum Ausdruck brachte.[8]

Dort die staatlich-politische Institution mit ihrem Anspruch, den Sport insgesamt und insbesondere das weltumspannend friedliche Olympia wie selbstverständlich für ihre

---

6)   DE v. 3. Febr. 2022 „Die unnachhaltigsten Spiele aller Zeiten"; FAZ v. 30. März 2015 „Olympia auf Idiotenhügeln" und v. 31. Jan. 2022 „Ein Stück Erde umgedreht".

7)   FAZ v. 20. Jan. 2022 „China droht mit Bestrafung" und v. 14. Jan. 2022 „Vorsicht Spionage". Siehe auch FAZ v. 3. Nov. 2021 „Überwacht, beschimpft, ausgeschlossen" und vom 1. Febr. 2022 „Offene Feindseligkeit gegenüber westlichen Medien".

8)   So Thomas Bach schon 2008 als IOC-Vizepräsident: „Sport muss neutral sein" in: Das Parlament v. 19. Mai. Siehe FAZ v. 29. April 2020 „Die Ideale Coubertins verraten" und v. 8. Dez. 2021 „Die Verantwortung des IOC" und FAZ v. 4. Febr. 2022 „Sein oder Nichtsein" .

Zwecke und politischen Absichten einspannen zu können. Wer Sommer- und Winterspiele an demselben Ort ausrichten kann, der ist ein Großer im weltpolitischen Machtgefüge, so das chinesische Kalkül. Sobald der Veranstaltungsort der Olympiade an einen solchen autoritären Staat vergeben worden ist, wird dort dem politischen Zweck alles untergeordnet.

Dieses ungelöste Spannungsverhältnis hat zu vielgestaltigen Beziehungen und wechselseitigen Abhängigkeiten geführt, schon durch die Kommerzialisierung und die staatlichen Fördergelder. Das IOC schüttet einen Teil seiner Erlöse an die Nationalen Olympischen Komitees aus.[9]

Es hat auch niemals politische Spannungen geglättet, wie am Beispiel Südkorea 1988 deutlich gemacht werden kann. Das Gastgeberland der Spiele verfolgte mit der Ausrichtung ehrgeizige nationale Ziele. Es ging um die Weltgeltung der Wirtschaftsmacht Korea, um den ersten Platz in Asien im Sport. Aber die weltweite Aufmerksamkeit der Medien wurde von der politischen Opposition zugleich zu Demonstrationen genutzt. Sicherheitskräfte mussten vor aller Welt mit einem Großaufgebot die ungestörte Durchführung der Wettkämpfe sicherstellen. Bis 1988 hatte es auch immer wieder Boykott-Drohungen gegen Olympia gegeben. Aber ein Boykott sportlicher Veranstaltungen hat noch nie etwas gebracht – gleichgültig, wie er begründet wurde.

Die Olympische Idee ist deshalb eine Randerscheinung geblieben, die man gerne in Anspruch nimmt, weil man sie schön klingen lassen kann, aber nicht umsetzen muss, ihre Umsetzung in die sportpolitische Praxis nicht eingefordert wird. Soll das so weitergehen oder kann diese Idee auf der Basis ihrer antiken Tradition nicht doch dem Frieden dienen? Warum soll

---

9)   Dazu und zu den Vermögensverhältnissen des IOC, die Verteilung seiner Einnahmen und Sponsoren siehe FAZ v. 6. April 2017 „Der goldene Schatz".

sich das IOC nicht aus der Umklammerung der Politik lösen und auf der Klaviatur der Politik mitspielen können? Das soll Gegenstand der nachfolgenden Überlegungen sein.

# Der Sport muss besser sein als die Gesellschaft

In Abwandlung eines geflügelten Wortes des unvergessenen Philosophen und Schriftstellers Umberto Eco darf der Sport nicht zum Abbild der Gesellschaft abrutschen, sondern er muss Vorbild sein. Das IOC muss vorangehen, muss dem Vergleich mit zunehmend autokratischen Strömungen, wachsender Korruption und Großbetrügereien der Gesellschaft entkommen. Zu den Vorgängen bei der Vergabe der Fußball-WM nach Katar hätte das IOC nicht schweigen dürfen, zumal diese Vergabe nicht etwa ein zufälliger Unfall, sondern eine Konsequenz der Entwicklung des Sportes war. Zudem ist die grassierende Korruption in der Fifa-Gesellschaft spätestens seit der Vorgeschichte dieser Vergabe 2010 und der Offenlegung zur „Fifa-Mafia" von Thomas Kistner aus der SZ-Sportredaktion im Jahre 2012 der sportverfolgenden Öffentlichkeit in ihren Auswirkungen auf den Sport insgesamt bekannt.

Die anerkannt höchste sportliche Instanz muss eigentlich alles dafür tun, um finanzielle Machtfülle, die Verlockungen des Drogengebrauchs, Korruption in den eigenen Reihen und missbräuchliche Einflussnahme zurückzudrängen, dem Sport wieder die ideelle Grundlage zu verschaffen, auf dem der antike Idealismus in seiner modernen Ausprägung fußt.

Gerade in den gegenwärtigen Zeitläufen sollte das Hauptanliegen des olympischen Gremiums nicht die Vermarktung der Olympischen Ringe sein, um damit den Unterhaltungs-wert des Sportes aufzubessern. Es sollte sich verstärkt seinem moralischen Impetus zuwenden.

Sport ist ein zutiefst menschliches Bedürfnis, das in allen Kulturen einen wichtigen Platz einnimmt. Es muss glaubhaft vertreten werden können, denn wem nicht geglaubt wird, der ist auch nicht fähig, idealistische Ausstrahlung zu vermitteln. Es bedarf einer überzeugenden Begründung olympischer Wertvorstellungen gegenüber den abflachenden Wertvorstellungen der Gesellschaft. Sport darf eben nicht nur als Spiegel von Politik und Gesellschaft wahrgenommen werden. Der Sport muss die Politik mit seinen Wertvorstellungen schlagen, sie zur vorrangigen Anerkennung bringen (Toleranz, Frieden, Freundschaft, Fairness, Anerkennung). Das Spitzengremium des Sportes hat sich darum zu bemühen, glaubhafte Vorgaben des Sports zu präsentieren um zum Beispiel mit ihrer olympischen Friedensidee einen Wandel des politischen Bewusstseins herbeizuführen. Welche Macht dazu hält es denn angesichts der Weltveränderungen heute in der Hand?

## 1. Die Sportbegeisterung

Sport insgesamt und vor allem einzelne Sportarten sind zu einer Art globaler Kulturtechnik geworden. Er erzeugt Geschichten, er stiftet Erfahrungen. Er schafft Regeln, die weltweit anerkannt werden. Sport lehrt Toleranz gegenüber weniger Erfolgreichen, macht Sieg und Verlust zu erträglichen Gefühlen. Er gewährt Erinnerung, über die man miteinander sprechen kann.

Er diktiert den Wochen – und Jahresablauf von Menschen an den unterschiedlichsten Orten, zu den unterschiedlichsten Jahreszeiten und unterschiedlichster Herkunft. Er erzeugt unbändige Freude und bisweilen Leid, schafft grenzüberschreitend Anerkennung und lenkt Wut in Bahnen. Kurzum, er bringt das gesamte menschenmögliche Gefühl zum Tragen. Der Sport erfasst die Menschen. Daran haben alle Entwicklungen der jeweils modernen Welt seit der Antike nichts geändert.

## 2. Die verbindende Wirkung

Sport stiftet lebenslange Freundschaften[10], nicht nur unter den Athleten, auch unter Besuchern und Organisatoren auf allen Ebenen nationaler und internationaler Veranstaltungen. Sport öffnet politische Türen wie die Neujustierung des deutsch-sowjetischen Verhältnisses nach dem 2. Weltkrieg. Von Thomas Grimm wurde „Der Kracher von Moskau", das Fußball-Länderspiel Deutschland gegen die Sowjetunion am 21. August 1955 in Vorgeschichte und Folgen eingehend beschrieben. Borussia Mönchengladbach spielte 1970 in Tel Aviv gegen die israelische Nationalmannschaft. Zu verdanken war dieses – nach dem Ende des 2. Weltkrieges große diplomatische Ereignis – der persönlichen Freundschaft der beiden Trainer Hennes Weisweiler und Emanuel Schaffer.[11]

Schaffer, der vor den Nazis geflohen war, hatte bei Weisweiler an der Sporthochschule Köln seinen Trainerschein gemacht. Zu nennen sind auch die Trainings- und Hilfsangebote an ukrainische Athleten im Putin-Krieg.[12] Mit Hilfe des Welt-Reiter-

---

10) Siehe das Beispiel aus Slowenien in: FAZ v. 24. Juli 2020 „Der Kampf lohnt sich".

11) ARD-Dokumentation 2020 „Geheimmission Tel Aviv"; ausführlich dazu: Pfeiffer/Zimmermann; ferner siehe DE v. 26. Febr. 2020 „Geheimflug ins gelobte Land".

12) Dazu FAZ v. 14. März 2022 „Meine Brüder wollen bleiben" und „Schwierig bis zum Schluss". Die ukrainische Handball-Nationalmannschaft trainierte beim TV Großwallstadt – DE v. 31. März 2022 und FAZ v. 1. April 2022 „Kampf in der Halle". FAZ v. 8. Nov. 2022 „Die Rettung der Pferde" und v. 24. Dez. 2022 „Herberge im Herzen".

verbandes (FEI) wurden Hunderte Pferde in der West-Ukraine in Sicherheit gebracht. Herausragend auch die Initiative von Rennrodler Felix Loch und Biathlet Jens Steinigen, die Sportler aus der Ukraine holten und Hilfe für die Kinder Geflohener organisierten. Der Sport schafft lebensprägende Erlebnisse – etwa wenn Frauen erstmals Sport treiben oder in Wettkämpfen antreten dürfen, bei denen auch Männer anwesend sind[13], bei Kindern, wenn sich sportliche Erfolge einstellen.

Sportliche Verbindungen halten oftmals ein Leben lang, werden in Familien, Vereinen und Veranstaltungen weitergegeben. Vereinsmitglieder halten ihrem Verein die Treue.

Auch insoweit alles altbekannte menschliche Tribute, an denen die Entwicklungen in der Welt nichts geändert haben.

## 3. Der Integrationsfaktor

Als Anfang des Jahrhunderts bedingt durch kriegerische und andere politische Entwicklungen in Vorderasien und Afrika eine Art neue Völkerwanderung nach Europa einsetzte, stand der Sport vor neuen Herausforderungen, denen er sich aber gewachsen zeigte. Nahezu umgehend waren in Verbänden wie Vereinen Integrationsbeauftragte bestellt und Eingliederungshilfen organisiert.

Heute trägt der Sport zur Integration von Menschen in fremden Kulturkreisen, in anderen Nationalitäten und religiösen Anschauungen mehr bei, als etwa der Schulunterricht.[14] Er hat das Verstehen von Regeln und Ordnungen in einem unbekannten Land ermöglicht und gefestigt, das Empfinden für Belange des Nebenmannes, für sein Anderssein sensibilisiert.

---

13)  FAZ v. 21. Jan. 2022 über den Afghanistan-Marathon – „Die Erinnerung läuft mit".
14)  DE v. 24. Dez. 2015 „Erste Schritte in eine fremde Welt".

Dass in einer Mannschaft mehrere Nationen vertreten sind, gehört zwischenzeitlich zum sportlichen Alltag in allen Alters – und Leistungsstufen. In Deutschland hatte sich diese Entwicklung bereits Mitte des vorigen Jahrhunderts abgezeichnet, als Millionen italienische und dann türkische Arbeitskräfte zuwanderten, die vielen Ortes einen landsmannschaftlichen Sportbetrieb organisierten, ihre Landsmannschaft pflegen und unter sich bleiben wollten. Das gehört der Vergangenheit an. Sofern sie noch existieren, stehen sie heute jedweder Mitgliedschaft offen.

Das gedeihliche Miteinander der Menschen unterschiedlicher Herkunft und Kulturen, nichts anderes ist der Inhalt der olympischen Grundidee. Die Veränderungen in der Welt haben offengelegt, welche Kraft dem organisierten Sport innewohnen kann.

## 4. Sozialer Ausgleich und Aufstieg

Fünf Kühe und ein Haus, sowie eine Betreiber-Lizenz für ein Restaurant erhielt das indonesische Badminton-Duo staatsoffiziell für die Goldmedaille im Endspiel gegen China bei den Olympischen Spielen in Tokyo 2020/2021.

Für die Lage in ihrem Heimatstaat wahrlich ein Geschenk mit sozialem Aufstieg.[15]

Afrikanische und asiatische Mitspieler mit sozial schwachem Hintergrund finden sich zahlreich in europäischen und amerikanischen oberen Ligen. Der Aufstieg begabter Fußballer

---

15) FAZ v. 7. Aug. 2021 „ Fünf Kühe und ein Haus". Michael Krause, der Hockey-Goldtorschütze 1972 in München erfuhr erst später, dass sein Tor die unterlegenen Pakistanis um Häuser und lebenslange Renten gebracht hatte – DE v. 29. Juni 2022. Ob ähnliche Chancen auch Teilnehmern des „Flüchtlingsteams" geholfen haben, das unter der IOC-Flagge an den Spielen in Rio teilnehmen durfte, ist nicht weiter verfolgt worden – FAZ v. 2. Aug. 2016 „Ein Kampf für das Leben".

aus den Rio-Armenvierteln („Favelas") in brasilianische Spitzenclubs und von dort aus in die Welt ist weithin bekannt. Sport schafft Arbeitsplätze, ist ein wichtiger Dienstleister in der Gesellschaft. Er kann das Gesundheitssystem entlasten. Dass Boxer, Turner, Fußballer überall in der Welt Kinder von der Straße holen und ihnen Perspektiven zu bieten versuchen, kann nicht häufig genug hervorgehoben werden. Erfolgreiche Sportler setzen den Drang nach sozialem Aufstieg, einem besseren Leben, mit Erfolg um. Sie schaffen es in obere Positionen in Verbänden, Wirtschaft und Gesellschaft.[16] In Deutschland ist Biathlon-Olympiasieger Frank Ullrich 2021 zum Vorsitzenden des Sportausschusses im Deutschen Bundestag gewählt worden.

Turn-Olympia-Sieger Eberhard Gienger, Gold-Speerwerferin Ruth Fuchs, Bahnrad-Olympiasieger Jens Lehmann, FIFA-Schiedsrichter Bernd Heynemann kandidierten ebenfalls erfolgreich für den Bundestag. Der soziale Faktor des Sportes wirkt trotz Umwälzungen im Sportgeschehen in allen seinen Facetten fort.

## 5. Der Wirtschaftsfaktor Sport

Die vorgenannten idealistischen Faktoren kann das IOC also unverändert für seine Haltung zur ewigen Gültigkeit der Olympischen Idee in Anspruch nehmen, aber es muss sich auch mit realistischen Faktoren konfrontieren lassen. Dass im Sport und mit dem Sport viel Geld zu verdienen ist, gehört seit Jahrzehnten zu den Binsenweisheiten. Zahlreiche Arbeitsplätze hängen daran, bei den Veranstaltern, den Zulieferern, bei Sportartikelherstellern, der Bekleidungs- und Ausrüstungsindustrie, in

---

16) FAZ v. 11.Febr. 2022 „Die Power der Aufsteiger"; zahlreiche Beispiele bei Roth, S.21 ff.

der Werbung, natürlich auch in Behörden und Verbänden. Der frühere IOC-Präsident Antonio Samaranch (1980–2001) hat die Büchse der Pandora geöffnet, die seitdem nicht mehr zu verschließen war. Die Kommerzialisierung des Sportes hat noch zugelegt.[17]

Anlässlich der Sommerspiele in Tokio 2020/21 muss das Verhalten des IOC ein Ausmaß angenommen haben, das dem Präsidenten Bach in der japanischen Presse den Beinamen „Baron von Abzocke" eintrug.[18] Die Organisatoren auf allen Ebenen lassen sich nicht nur bezahlen, sie verdienen auch mit Lizenzierungen, Zulassungsregularien, Vorschriften für die Durchführung und Vergaben von Veranstaltungen. Dabei werden Gesundheit und körperliche Fitness der Athleten oftmals rücksichtslos nebenbei behandelt – besonders zu beobachten im Turnen, Handball und Fußball.[19] Allein die Zulassung neuer Sportarten und ein erweiterter Wettbewerbskatalog – 1964 in Tokyo wurden im Schwimmen in 18 Wettbewerben Medaillen vergeben, 2021 in Tokyo deren 35 – bedeuten für das IOC natürlich neue Einnahmequellen. Zum Beispiel Skispringen: Die Erweiterung des Springens von der „Normalschanze" um das Springen von der „Großschanze" erfordert für den Veranstalter den Bau neuer großer Anlagen und bringt für das IOC kostenlos einen gesonderten Wettkampf mit Zuschauern und Einnahmen. Eine Altersgrenze für Teilnehmer (Kinder für Skateboard) in neuen Sportarten wegzulassen oder eine zusätzliche Veranstaltung wie die „Paralympics" in das Gesamtprogramm aufzunehmen (unter Samaranch) bietet gewaltige Vermark-

---

17) „Die Kommerzialisierung des Fußballs ist gesund" in: FAZ v. 10. Jan. 2022.

18) FAZ v. 7. Aug. 2021 „Die Spiele mit der guten Seele" und v. 4. Aug. 2021 „Direktor ohne olympischen Geist".

19) FAZ v. 18. 10. 2021 „Ohne Angst und Hunger" sowie v. 4. Juni 2022 „Die gnadenlose Geldmaschine" und v. 7. Juni 2022 „Hamsterrad für Millionäre".

tungschancen. Nicht die Olympische Idee, das Franchise-Geschäftsmodell des IOC bestimmt den Ablauf der Olympiaden.

Das Pflichtenheft des IOC, das den Bewerbern um die Austragung Olympischer Spiele als bindende Veranstaltungsgrundlage ausgehändigt wird20), enthält zahlreiche knebelartige Verträge mit lukrativen Vorschriften für Steuererleichterungen und Vergaberestriktionen zugunsten des IOC. Allein schon für die Vorauswahl durch die IOC-Exekutive werden für die Bewerber 500.000 Dollar an Gebühren fällig.[21]

Mancher Vergabe von Großveranstaltungen wie die Fußball-Weltmeisterschaften 2006 an Deutschland und 2022 an Katar sind bis heute von dubiosen begleitenden Erscheinungen umwölkt, nicht minder die Modalitäten der Spiele in Rio de Janeiro.[22] Der WDR hat am 16. November 2022 in der Sendung „Katar – Skandal-WM" über diese Vorgänge eingehend berichtet. Ähnliche Geschehnisse in Petersburg mit „Gastarbeitern" aus Nordkorea für die Fußball-WM 2018 wurden von der Putin-Regierung geschickt verschleiert, wie das norwegische Magazin „Josimar" recherchiert hat.

Urs Lacotte, Generaldirektor des IOC von 2003–2011 hat diese hintergründigen Gegebenheiten in der ARD-Sendung am 31. Januar 2022 so ausgedrückt: „Plötzlich steht da ein teurer Laptop auf deinem Tisch. Und dann meldest du das dem Präsi-

---

20) FAZ v. 13. April 2014 „Brasilien kocht"..

21) „Öl und Diktaturen" in: FAZ v. 12. April 2014; BZ v. 6.Juli 2007 „Die Spiele unter dem Hammer"; Die Zeit v. 2. Juli 2015 „Wir schauen in die Röhre – IOC verkauft die Spiele meistbietend"; NZZ v. 23./24. Dez. 2006 „Fair, erfolgreich, sexy"; die IOC-Vollversammlung in Monte Carlo 2014 hat die Vorschläge ihres neuen Präsidenten Bach, die Kosten für Bewerbungen zu reduzieren und die Spiele wieder finanzierbarer zu machen, zwar akzeptiert. Aber bis 2022 hat sich das nicht bemerkbar gemacht – FAZ v. 4. Okt. 2014 „Reich, aber nicht dämlich"; DE v. 10. Sept. 2014 „Jahresbilanz mit Licht und Schatten"; siehe auch FAS v. 14. Dez. 2014 „Was wird aus Olympia?".

22) Siehe die Verurteilung von OK-Chef Nuzman zu 30 Jahren Haft – FAZ v. 3. Januar 2022 „Rios schmutziges Erbe".

denten und kündigst die Verweigerung der Annahme an. Und dann sagt der Präsident: Wenn Du das tust, kriege ich ein politisches Problem". Damit ist alles gesagt.

Und wo Geld eine Rolle spielt, sind Korruption und Betrug nicht weit. Seit Jahren werden immer wieder hohe und höchste Sportfunktionäre der Korruption bezichtigt.[23] Am 17. März 1999 mussten allein sechs Mitglieder wegen Käuflichkeit des Stimmverhaltens aus dem IOC ausgeschlossen werden. 2022/2023 hat der Schweizer Strafprozess gegen IOC-Mitglied (und Ex-Fifa-Präsident) Sepp Blatter und den früheren UEFA-Präsidenten Michel Platini wegen Betruges und anderer Delikte für Furore gesorgt, beleuchtet von Jochen Breyer in der ZDF-Sportsendung am 8. November 2022 und vom TV-Sender 3-sat am 16. November 2022 „Fifa – Das Monster".

Nicht erst seit der Jahrhundertwende muss der Sport sich mit Dopingbetrug herumschlagen. Etwa seit 1980 hatten die Freiburger Sportmediziner Keul und Klümper in Deutschland eine Doping-Hochburg errichtet. Das russische Staatsdoping stellt allerdings einen Gipfel dar. Der Ausschluss Russlands für die Olympiaden bis Ende 2022 wegen erwiesenen Staatsdopings erscheint da halbherzig. Statt einer harten Reaktion als starkes Signal an alle Betrüger-Nationen[24] nur eine lauwarme,

---

23) FAZ v. 24. Sept. 2015 „FIFA-Skandal: Venezolaner vor Auslieferung"; vom 21. Jan. 2016 „Die FIFA ist wie der Vatikan" und v. 17. März 2016 „28.224678 Dollar – mindestens". Weitere Nachweise bei Roth S. 26ff (29); FAZ v. 28. Mai 2015 „Sieben FIFA-Funktionäre in Zürich verhaftet". Ferner: Die Zeit v. 6. Aug. 2015 „Der Königsmacher"; FAZ v. 13. Sept. 2021 „Haftstrafe für Scheich Ahmad". Wegen Korruption geriet auch IOC- Mitglied Tsunekazu Takeda unter Verdacht – FAZ v. 12. Jan. 2019 „Tokio 2020 am Pranger: Gekaufte Spiele?". IOC-Mitglied Lamine Diack verursachte einen der größten Skandale in der Sportwelt – FAZ v. 8. Juni 2020 „Käuflich bis in den Kern hinein".
24) Im Zuge der Ermittlungen zum russischen Staatsdoping wurden noch 2021 der russischen Geherin Jekaterina Laschmanova der Olympiasieg 2012 und der Weltmeistertitel 2013 aberkannt – deutsche Presse v. 22. März 2022.

feige Entscheidung. Russische Athleten durften ab 2014 unter der Bezeichnung „ROC" (Russisches Olympisches Komitee) an den Start gehen. Als einziger Verband sperrte der IAAF der Leichtathleten konsequent Russland komplett vom internationalen Sportbetrieb aus.[25] 2022 folgten ihm Rodel- und Biathlon-Weltverband.

Einzig der Welt-Behinderten-Sportverband suspendierte Russland von der Teilnahme an den Paralympics in Rio de Janeiro. Thomas Bach kam nicht zur Eröffnung, der zuvor 28 Jahre lang kein Präsident des IOC ferngeblieben war.

Russland wurde auch von der Qualifikation zur WM in Katar ausgeschlossen, blieb aber Mitglied der Fifa. Und der IOC-Präsident wollte sich auch auf der Sitzung der Nationalen Olympischen Komitees in Seoul im November 2022 nicht festlegen. Das russische Volk habe den Krieg gegen die Ukraine ja nicht begonnen, soll er gesagt haben, berichtet jedenfalls die FAZ in ihren Ausgaben vom 22. November („Unerträgliche Propaganda") und vom 16. Dezember 2022 („Selensky gegen Bach").

Eine solche spitzfindige Unterscheidung zwischen Regierung und Volk wirft nicht nur Fragen zum Verhältnis Bach – Putin auf, sie ist auch unhaltbar. Ist das russische Volk nicht Russland, wenn es am Krieg teilnimmt? Nimmt die russische Regierung nicht an Olympia teil, wenn ihre Sportler dort einmarschieren, sondern nur das Volk? Warum soll nur die Regierung politisch sein, die am Krieg teilnehmenden Sportler aber nicht? Seit wann und wodurch wird die Völkerverständigung durch die Teilnahme Krieg verursachender Länder an Olympia gefördert? Südafrikanische Sportler wurden wegen der Apartheid-Politik ihrer Regierung jahrelang von internationalen Sportereignissen ausgeschlossen, aber für Russland und Belarus, die vor den Au-

---

25) FAZ v. 21. Mai 2016 „Ein billiges Schlachtfeld" und v. 6. August 2016 „Sollbruchstellen". DE v. 16. Nov. 2015 „Weckruf für Russland" und v. 10. Nov. 2015 „Es ist schlimmer als wir dachten".

gen der Weltöffentlichkeit ein anderes Land überfallen, sollen andere Maßstäbe gelten? Wie zur Bestätigung dieser unfassbaren Inkonsequenz war Stanislaw Posdnjakow, der Präsident des russischen NOK beim „Olympic Summit" dabei, den Bach am 9. Dezember 2022 nach Lausanne einberufen hatte. Vertreter der Ukraine waren nicht eingeladen.

Wenn das IOC von einem an Olympia teilnehmenden Land, noch dazu vom Gastgeberland, derart gedemütigt und mit Verachtung übergossen wird, wie es mit staatlich organisiertem Doping zum Ausdruck kommt, wenn die Idee Olympias derart verhöhnt werden darf, dann ist das ein klares Zeichen: Das IOC hat Respekt, Achtung und Autorität verloren. Der Sport droht seine moralische Instanz zu verlieren.

Wenn man so beschämend reagiert wie das IOC dann signalisiert man: Hauptsache die Spiele laufen, Hauptsache die Kasse stimmt. Alles andere wird juristisch fair geregelt. Der Sport nicht als Spiel, sondern als Produkt, als Ware gehandelt, die man auf ihren verkaufbaren Inhalt prüft. Die Welt ist in Aufruhr und der Sport prüft Paragraphen. Als ob es darauf überhaupt ankäme, als ob das für Olympia von Bedeutung wäre.

Der nächste russische Doping-Fall in Peking 2022 war die beinahe logische Folge. Selbst vor Kinderdoping machte die Putin-Administration nicht halt. Aber die ISU setzte als Folge der olympischen Damen-Kür wenigstens die Altersgrenze für Teilnehmerinnen um zwei Jahre herauf.26)

---

26) Die Eiskunstläuferin Kamila Walijewa hätte wegen positiver Dopingprobe im Vorfeld gar nicht in Peking antreten dürfen. Dazu FAZ v. 15.Juni 2022 „Die Bürde der Eislaufmädchen". „Rusada" legte die Testprobe bei ITA verspätet vor, um den Start des 15-jährigen „Wunderkindes" in Peking zu ermöglichen – DE v. 12. Febr. 2022 „Doping-Affäre wird zum heiklen Fall"; FAZ vom gleichen Tage: „Herzmittel für das Wunderkind"; Die Zeit v. 21. Juli 2016 „Sie wollen nur spielen", ferner FAZ v. 31. Juli 2021 „Im Sumpf". Zum neu festgelegten Antrittsalter: FAZ v. 8. Juni 2022 „Alterslimit angehoben".

Damit stellt sich naturgemäß die Frage, ob die idealistischen Faktoren des Sportes, als die Kernpunkte der Olympischen Idee, für das IOC nur noch einen Vorwand darstellen, um dem Realitätsfaktor „Geld verdienen" nachkommen zu können, die Olympische Idee als bloßes Mittel zum Zweck, das entfallen kann, wenn der Zweck etabliert ist? Oder bedeutet der Sport mit seinem Gipfel „Olympia" für das menschliche Dasein auch im 21. Jahrhundert so viel, dass er in jedem Falle erhalten werden muss – gegebenenfalls aber geändert, von missbrauchtem Zweck entkleidet. Eine Idee, die missbraucht oder falsch angewandt wird, ist deshalb ja nicht falsch.

# Die Bedeutung des Sportes in der heutigen Zeit

Der Sport schreibt seit eh und je und heute immer noch wunderbare Geschichten, er beschert magische Abende und große Momente, unvergessen für diejenigen, die sie mit fiebern und mit gestalten durften.[27] Er schafft Erlebnisse für die Ewigkeit. Er ist unbestritten wichtig für das Heranreifen von Kindern und Jugendlichen. Aber bei aller Wertschätzung für den erziehungswichtigen Einfluss der Sportbegeisterung, für die körperliche Fitness der Gesellschaft – seine Bedeutung erhält der Sport, wenn man sich seinen Stellenwert in der Gesellschaft ansieht.

---

27)  Der „Wurf des Jahrhunderts" Wilfried Dietrich, der „Kran von Schifferstadt", schultert bei Olympia 1972 den 200-kg-Koloss Chris Taylor (USA); der FC St. Pauli („Weltpokal-Pokalsieger") besiegt 2002 in einem dramatischen Finale den FC Bayern München. Champions-League-Endspiel 2005: Liverpool gewinnt nach 0:3 Pausenrückstand noch 6:5 gegen AC Mailand – FAZ v. 9. April 2020 „Der Song, der alles änderte". DE v. 4. Aug. 2021 über Malaika Mihambo „Der Flug zu Gold" ; der Österreicher Matthias Mayer wurde 2022 zum dritten Male hintereinander Olympiasieger im alpinen Skilauf; der Sturmlauf von Vincenz Geiger in der Nordischen Kombination bei den Olympischen Spielen in Peking am 9. Februar 2022 aus aussichtslos erscheinender 11. Position zur Goldmedaille. Zum Ganzen auch FAZ v. 25. Juni 2022 „Momente, die man nie vergisst". Unvergesslich auch der 2:1 Sensationssieg von Saudi-Arabien gegen Mehrfach-Weltmeister Argentinien bei der WM in Katar.

## 1. In der Welt

Dazu kann vorab festgestellt werden: In autokratisch geführten Gesellschaften wie China, Russland, Nordkorea, Weißrussland, Iran, Kasachstan, Katar besitzt er nur einen einzigen Stellenwert, nämlich den politischen Zielen der jeweiligen Regierung oder ihrer Partei zu dienen.

Der Iran verbietet seinen Sportlern sogar gezielt, gegen israelische Athleten anzutreten.[28]

Trotz Vorhandensein eines NOK, der Sport hat in solchen Staaten jede Selbständigkeit verloren, befindet sich voll im Griff der jeweils Regierenden. Die Olympische Idee, der Gedanke der Völkerverständigung gelten dort nichts, der politische Nutzen alles.[29] Wie schützt das IOC dort die Werte des Sportes, wer mahnt die Welt-Sportverbände, dieses zu tun – vorrangig und sichtbar bei der Vorbereitung und Durchführung internationalen Sportes?

---

28) Die Regierung in Teheran begrüßte offiziell die Ankündigung des iranischen Judo-Weltmeisters Arash Miresmaeili 2004 in Athen nicht zum Kampf gegen den Israeli Ehud Vaks anzutreten – siehe BZ v. 17. Aug. 2004 „Dank an den Boykotteur"; 2017 musste der Freistil-Ringer Ali-Remsa Karimi als Favorit auf die Goldmedaille auf Anweisung seiner Trainer verlieren, weil er sonst in der nächsten Runde gegen einen Israeli hätte antreten müssen – FAZ v. 29. Nov. 2017 „Iranischer Ringer musste verlieren" ; ferner: „Wo bleiben die Konsequenzen?" in: FAZ v. 21. April 2018; DE v. 7. Sept. 2019 „Angst vor dem Vaterland – Iranische Sportler dürfen seit 1979 nicht gegen Israelis antreten"; Sportler aus anderen islamischen Staaten aus Algerien – DE v. 27. Juli 2021 „Lebenslange Sperre"), und dem Sudan (FAZ v. 28. Juli 2021 „Feinde und Freunde) schlossen sich diesem Verhalten an. Der bei AEK Athen spielende Kapitän der iranischen Fußball-Nationalmannschaft, Ehsan Hadschsafi, wurde vom Regime suspendiert, weil er mit seinem Verein gegen Maccabi Tel Aviv angetreten war (FAZ v. 26. Nov. 2022 „Stimme der Proteste"). IOC und Fifa schwiegen dazu, trotz der Festlegungen in ihren Statuten.
29) FAZ v. 5. Febr. 2022 „Xis Rückkehr auf die Weltbühne" sowie FAZ v. 22. Jan. 2018 zur Teilnahme Nordkoreas an den Spielen in Pjöngjang „Platz machen für die Versöhnung" und v. 19. Juli 2016 „Gastfreundschaft auf Russisch". FAS v. 13. April 2008 „Olympia ist stark, China ist stärker". Für das Rumänien unter Ceaușescu siehe die eindrucksvollen Schilderungen von Radin (S. 9ff und S. 260ff).

In von politischer Unterdrückung geprägten Staaten oder solchen mit scheinfunktioneller Führung wie Afghanistan[30], Venezuela, Somalia, Nicaragua, Myanmar, Kongo, Libanon, Bolivien, oder gar kriegführenden Staaten wie Syrien, Jemen, Arabische Emirate (VAE) dominieren der Kampf um die tägliche Existenz, vielfach um das nackte Überleben.[31] Da ist für andere Überlegungen wie der Olympischen Idee kaum Platz. Der Stellenwert des Sportes tendiert gegen Null. In Afghanistan lassen die herrschenden Taliban eine Nothilfe des IOC an „die Mitglieder der olympischen Gemeinschaft" nur zu, weil sie die Bevölkerung dieses Landes nicht ernähren können.[32] Sofern in diesen Staaten überhaupt ein NOK existiert, bestimmt es der Staatspräsident oder seine Verwandtschaft.[33]

Umso wichtiger erscheint deshalb der Bedeutungswert des Sportes in Staaten mit demokratischer Verfassung. Sie überwiegen nicht nur in der Zahl. Olympischen Spiele waren ja auch von ihrem antiken Ursprung her eine durch und durch demokratisch-europäische Idee Ohne seinen Sitz in einem demokratisch verfassten Land könnte das IOC nicht existieren und sein „System Olympia" implementieren.

Gut vorangekommen sind die Frauenrechte im Sport, sowohl in der Sportverwaltung, aber erst recht an den Wettkampfstätten. Viele männerdominierte Wettbewerbe wie das Boxen wurden auch für Frauen geöffnet, in Kuba nach 60 Jahren Verbot ab 2023. Mixed-Wettbewerbe wurden neu eingeführt. Bei der Fußball-WM der Männer in Katar 2022 wa-

---

30) FAZ v. 24. Dez. 2021 „Sportdrain in Afghanistan".
31) FAZ v. 31. Aug. 2017 „Kriegsspiele".
32) FAZ v. 10. Dez. 2021 „Übereinkunft mit Taliban".
33) FAZ v. 27. April 2015 „Schockierend – Bundesregierung kritisiert Aserbeidschans Regime". Der Sohn von Präsident Lukaschenko führt das NOK in Belarus – FAZ v. 7. Aug. 2021 „Belarussen verlieren Akkreditierung" und v. 9. Okt. 2020 „Bach will Sportler vor Lukaschenko schützen".

ren erstmals drei Schiedsrichterinnen nominiert. Das Handball-Länderspiel der Herren Deutschland – Island am 7. Januar 2023 in Bremen wurde von dem weiblichen Schiedsrichtergespann Maike Merz/Tanja Kuttler geleitet.

Frauen drängten überall in der Welt erfolgreich auf eine Beteiligung am Sportgeschehen.[34]

Im Iran wurden sie bei den Aufständen 2022/2023 zum Symbol des Widerstandes, unter ihnen viele Sportlerinnen.

Die Sportkletterin Elnaz Recabi war bei der Asien-Meisterschaft 2022 ohne Kopftuch angetreten. Bei ihrer Heimkehr wurde sie wegen Verstoßes gegen die religiöse Kleiderordnung verhaftet.

Bei der UNO hat das IOC seit 2009 symbolisch für den Gedanken der Völkerverständigung in den fünf Olympischen Ringen zu mindestens einen Beobachterstatus, um den sich Präsident Jaques Rogge sehr bemüht hatte. Der ehemalige Bremer Fußballmanager Willi Lemke wurde Nachfolger des Schweizers Ogi als Sonderbeauftragter der UN für Sportpolitik. Bei der EU hat der Sport nicht einmal diesen Status erreicht. Australien ließ im Januar 2022 den Tennisspieler Novak Djokovic zu den „Australian Open" nicht einreisen, der dieses Turnier zuvor schon neunmal gewonnen hatte.[35] Wenn schon Australier

---

34) Zum Ganzen SZ v. 26. Aug. 2022 „Ein Signal in Gelb, Orange und Himmelblau". Die Kielerin Susann Beucke hat mit der Teilnahme am „Vendée Globe" sogar die Männerdomäne im Hochseesegeln abgelöst – FAZ v. 28. Juni 2022. Ferner: FAZ v. 21. Aug. 2021 „Iran: Fifa fordert und verweigert". DE v. 11. Okt. 2019 „Iran: Tränen vor Glück"; FAZ v. 24. Dez. 2021 „Sportdrain in Afghanistan"; Über eine Frauen-Mannschaft aus Saudi-Arabien in Rio – in: FAZ v. 3. Aug. 2016 „Die vier Verschwiegenen"; Über die Flucht der iranischen Bronze-Medaillen-Gewinnerin Kimia Alisadeh in DE v. 15. Jan. 2020 und FAZ v. 21. Jan. 2020 „Der Kampf um Kimia Alisadeh"; ferner FAZ v. 19. April 2017 „Die Marathon-Revolutionärin" und v. 12. April 2017 „Ich will von Siegerinnen hören". ZDF-Sportstudio v. 22. Okt. 22 – auch zum Schicksal des Kanuten Saeid Fazcoula).
35) FAZ v. 7. Jan. 2022 „Die Staatsaffäre".

selbst nicht einreisen dürfen, hat der Sport hinter den politischen Regularien zur Pandemie zurückzustehen.

## 2. In Deutschland

Deutschland steht stellvertretend für demokratisch orientierte Staaten, in denen die Olympische Idee immer auf offenere Ohren stieß. im Gegensatz zu anderen europäischen Ländern gibt es kein gesondertes Sportministerium. Der Sport ressortiert in einem Referat des Bundesinnenministeriums, das die finanzielle Förderung des Bundes steuert.[36] Als eines von wenigen Ländern hat Deutschland seit 2015 ein „Gesetz gegen Betrug im Sport".[37]

Der DOSB als Dachverband des organisierten Sportes wurde zu den Pandemiebestimmungen der Jahre 2020 und 2021 nicht einmal gefragt, obwohl seine Verbände, Vereine und Millionen Mitglieder von diesen Maßregeln in besonderem Maße betroffen waren.[38] Die Länderbürokratie erwies sich für den Sport als undurchdringlich, nicht nur in dieser Frage.

---

36) „Sport ins Kanzleramt" in FAZ v. 8. April 2021. Mit ca. 6 Milliarden tragen Bund, Länder und Kommunen zur gesamten Sportförderung bei – Das Parlament v. 19. Mai 2008 „Lieb und teuer". Im Bundeshaushalt 2023 waren 700 Mio. € zur Spitzensportförderung vorgesehen – FAZ v. 21. März 2022 „Viel Geld für Lieblinge und Stiefkinder".
37) Das Parlament v. 16. Nov. 2015 „Kampf den Täuschern".
38) FAZ v. 24. Juni 2017 „Spatz auf dem Dach, nichts in der Hand"; vom 24. März 2021 „Verbote im Mittelpunkt" und vom 26. April 2021 „Geringschätzung per Gesetz".

Schulsport fällt bei der Stundenvergabe zuerst aus. Schülern werden die sportlichen Grundbewegungen „Laufen", „Springen", „Werfen" häufig gar nicht mehr pädagogisch vermittelt.[39] Das ehrenamtliche Engagement im Sport lässt nach.[40]

Die Untergliederungen des DOSB, die Landessportbünde, haben in Bundesländern den Status eines „Trägers öffentlicher Belange" und damit wenigstens Anhörungsrecht für Bauleitplanungen und sofern Belange des Sportes betroffen sein können.

In den einzelnen Bundesländern ist der Sport unterschiedlichen Ministerien zugeordnet, zumeist bei den Innenministerien. Eine einheitliche Ressort-Zuständigkeit in Bund und Ländern und damit eine Verstetigung der Ministerkonferenzen zu Sportfragen hat der DOSB bis heute nicht erreichen können.

Im Bundesland Hessen ist der Sport als Staatszielbestimmung in Artikel 26 (26g) verfassungsrechtlich verankert, ebenso in Artikel 11 des Freistaates Sachsen. In anderen Bundesländern gibt es Gesetze zur Förderung des Sportes (Berlin, Rheinland-Pfalz). Besondere Vorteile für den Sport ergeben sich daraus nicht, denn solchen Staatszielen wird nur im Rahmen der Leistungsfähigkeit des Bundeslandes nachgekommen und auch nur gleichberechtigt mit anderen Staatszielen wie Kultur, Schutz der Lebensgrundlagen und Ehrenamt. Gesetzlich geregelte Sportförderung bewirkt vor allem mehr Bürokratie. Wenn man in Deutschland eine Sportanlage betritt wird man gefragt, was man wolle und ob man versichert sei.

---

39) „Schulsport fällt aus" in: FAZ v. 29. Juli 2021; Prof. Digel in: DE v. 3. Nov. 2010 „Im Grunde genommen hat der Sport im heutigen Schulleben so gut wie keine Bedeutung. Erzieherische Mangelsituation und der Verlust motorischer Grundfähigkeiten sind die Folge". Dazu auch Bernhard Peters – Warum gewinnen die Deutschen in Mannschaftssportarten nichts mehr – in FAZ v. 14. Aug. 2021 „Team".

40) Siehe FAZ v. 16. März 2022 zur aufkommenden Schiedsrichter-Misere: „Wenn die Pfeife stumm bleibt". und v. 2. Jan. 2023 „Auch der liebste Hund kann mal bissig werden".

Schon viermal waren in den ersten beiden Jahrzehnten dieses Jahrhunderts deutsche Bewerbungen um die Austragung Olympischer Spiele erfolglos. Berlin und Leipzig waren dabei nicht einmal in die Endausscheidung des Auswahlverfahrens gekommen. Ob ein erneuter Anlauf des Ruhrgebietes für 2032/2036 in Angriff genommen wird, ist nach diesen Misserfolgen ungewiss.[41]

Laut Beschluss seiner Mitgliederversammlung vom 2. Dezember 2022 in Baden-Baden will der DOSB die Bevölkerung 2024 über einen Masterplan für eine Olympia-Bewerbung abstimmen lassen. Sowohl Hamburg als auch Garmisch-Partenkirchen scheiterten bereits im Vorfeld an einem Volksentscheid. Die gefragte Bevölkerung entschied sich mehrheitlich gegen Olympia, weil den Zusicherungen der Olympia-Macher nicht vertraut wurde.

Warum überhaupt ein Volksentscheid? Weder für Welt- noch für Europa-Meisterschaften, aber ausgerechnet für das größte Weltsportereignis wird das angestrebt. In einer repräsentativen Demokratie haben die gewählten Vertreter zu entscheiden und wie Volksentscheide manipulierbar sind, kann man täglich im „Sozialen Netz" erleben. Solche Geister sollen über ein derart kulturell, sozial und volkswirtschaftlich bedeutsames Großereignis entscheiden? Wenn Olympia vor lauter Bedenkenträgern nicht mehr in Demokratien stattfinden kann, wird es nur noch in autokratischen Staaten stattfinden, in denen das Volk weder direkt noch repräsentativ gefragt wird. Zudem ist es eine Lebenserfahrung, dass eine Ablehnung bei erfolgreicher Organisation in ihr Gegenteil umschlägt. Man braucht keinen Volksentscheid sondern Organisatoren denen vertraut werden kann, dass sie sich der bisherigen Negativ-Faktoren bewusst sind.

---

41) FAZ v. 26. Sept. 2019 „Olympia als Treibende Kraft" und v. 19. März 2021 „Olympia wäre ein wuchtiger Kontrapunkt".

Die Einmal-Nutzen-Sportbauten in Athen (2004), Turin (2006) oder Rio (2016) suggerieren das Desinteresse der Gesellschaft, dergleichen selbst auf Staatskosten vor der Tür zu haben.[42] In autoritären Staaten wird nach diesen Kosten nicht gefragt, sehr bequem für das IOC.[43]

Die ablehnende Betrachtungsweise auch in anderen traditionellen Bewerberorten[44] richtet sich nicht gegen den Sport an sich, sondern gegen das gigantische und kommerziell-rücksichtslose „System Olympia" des IOC, das die Gewinne behält (Regeln 7 und 37 der IOC-Charta).

Den Ausrichtern werden die Kosten hinterlassen unter Hinweis darauf, diese hätten schließlich von der Vergabe der Spiele an sie profitiert. Der Welt ist klargeworden, dass sich im IOC und seinen großen Sportverbänden Korruption, Geldgier und nackter Opportunismus eingeschlichen haben. Wie sonst sind auch Entscheidungen wie Winterspiele in Peking und Duldung eines dopenden Russland zu verstehen.

Auch in Deutschland und anderen demokratischen Sportnationen ist mithin die Olympische Idee nicht mehr grundlegend wirkmächtig. Sie könnte gänzlich zu verblassen beginnen[45],

---

42) Die Zeit v. 3. Dez. 2015 „Nein"; DE v. 30. Nov. 2015 „Die Bürger wollen Olympia nicht" und vom 1. Dez. 2015 „ Dolchstoß für die Entwicklung des Sports"; FAZ v. 7. Aug. 2016 „Ode an eine verlorene Liebe".

43) Die Zeit v. 13. Febr. 2014 „Die Trümmer von Sotschi". DE v. 5. Febr. 2014 „Was nicht passt, wird passend gemacht – Sotschi sechsmal teurer als Vancouver 2010". Die 40 Milliarden für Peking und die 50 Milliarden für Sotschi wurden von Catherine Belton sehr eingehend belegt – dort S. 485.

44) Auch Oslo, Graubünden, Stockholm und das kanadische Calgary , also klassische Wintersportregionen, scheiterten am Veto der Bevölkerung – FAZ v. 10. März 2014 „Norwegen sträubt sich: IOC soll U-Bahn fahren".

45) „Allianz hinterfragt Olympia-Sponsoring in China" in: FAZ v. 10. Dez. 2021. Auch die Fan-Proteste in den deutschen Fußballstadien gegen die Kommerzialisierung im Fußball weisen in die gleiche Richtung; ferner „Öl und Diktatoren. Das Image des IOC ist schlecht" sagt selbst das einflussreiche Mitglied Gian Franco Kasper in: FAZ v. 12. April 2014; FAZ v. 30. Dez. 2016 „Geld für Gold" und FAZ v. 8. Dez. 2021 „Schallende Ohrfeige".

wenn sich nichts ändert. Denn die alten olympischen Ideale mögen vielfach beschädigt sein. Der olympische Zeitgeist ist nicht der des vergangenen Jahrhunderts. Heute heißt der Zeitgeist: „Sportvermarktung". Doch die Olympische Idee mit ihren Spielen hat ungeachtet der Wandlungen und Widersprüche für die Sportler und Publikum ihre Anziehungskraft behalten.

### 3. Olympia muss erhalten werden

Die Bedeutung des Sportes an sich wird in keinem Gesellschaftssystem der Welt in Frage gestellt egal, welche Veränderungen er erfahren hat und wie sein Stellenwert in der Gegenwart einzuordnen ist. Aber woran ist denn diese Bedeutung gebunden? Bei der Beantwortung dieser Frage kommt man nicht umhin, Olympia einzubeziehen. Was wäre die Sportwelt ohne Olympia?

Autoritäre Staaten besitzen mit Olympia zwar ein Herrschaftsinstrument, mit dem sie sich aber freiheitlichen Vergleichen stellen müssen. Weltmeisterschaften in einzelnen Sportarten vereinen die Jugend der Welt nicht in rein friedlichem Zusammentreffen, sondern erzeugen eher emotionelles Gegeneinander, fördern nationalistisches Erwachen und entschuldigen unfaires Verhalten. Der Fußball ist hierfür beredtes Zeugnis.[46)] Weltmeisterschaften in anderen Sportarten haben nur ein spezifisches Publikum und bleiben in der Öffentlichkeit wenig bis gar nicht beachtet. Wen interessiert in Afrika schon Eishockey, wen in Südamerika Ringen oder wen in Skandinavien Rugby? Wen außerhalb des Tennissportes interessiert „Wimbledon", wen interessieren Weltmeisterschaften Im Modernen Fünfkampf, im Skateboard, im Sportklettern oder Gewichtheben?

---

46) FAZ v. 16. Juni 2018 „Der Rubel rollt".

Sogar von den „World Games", den Weltspielen der nicht-olympischen Sportarten, nimmt man kaum Notiz, ebenso wenig von Leichtathletik-Weltmeisterschaften in den USA (Eugene 2022) – allein schon wegen der zeitversetzten Übertragungen.

Die olympische Bühne ist größer und weltweit beachtet. Ein Boykott dort interessiert alle Beteiligten und kann politische Folgen haben, der Boykott einer Weltmeister- oder Kontinentalmeisterschaft interessiert niemanden – ein Gegner weniger. Olympia dominiert den Sport. Für das Publikum haben die Olympischen Spiele – trotz unzähliger anderer internationaler Wettbewerbe und Weltmeisterschaften – ihre Faszination, das gilt nicht zuletzt für die Länder der sogenannten „Dritten Welt". Durch das Fernsehen können Millionen Menschen rund um den Erdball, die sonst nie die Möglichkeit hätten, an sportlichen Höchstleistungen, an der Dramatik der Wettkämpfe teilnehmen.

Wer eine weltweite Botschaft hat, versucht sie über Olympia unterzubringen. Ohne Olympia würden manche Sportarten nie größer erwähnt werden. Nationen wie Afghanistan würden nie an größeren Sportereignissen teilnehmen können, wenn es Olympia nicht gäbe.

Sponsoren und Werbeinteressen bündeln sich auf olympische Sportarten, weil sie damit weltweiter Aufmerksamkeit sicher sind.

Ohne den Fixpunkt Olympia könnten Athleten ihre Sportart nicht betreiben, weil die Kosten ohne Förderung nicht zu schultern wären, wie das Beispiel Bobfahren belegt. Athleten trainieren hart, schinden sich, verzichten auf Vieles, richten ihr ganzes Leben darauf ein, nur um einmal bei Olympia dabei sein zu können. Ohne olympisches Ziel hätten sie keinen Anreiz dafür und ihr Sport könnte sich der finanziellen Unterstützung nicht sicher sein. So würden sie auch nicht zum Vorbild und Beispiel für Andere. Die großartige Fähigkeit des Sportes, Menschen mit unterschiedlichen Werten, Religionen und politischen Vorstellungen friedlich zusammenzuführen, zeigt sich nirgendwo so deutlich, wie bei Olympischen Spielen und kann als Modell für alle Sportveranstaltungen auf der Welt dienen.

Der Vorbildcharakter sportlicher Verhaltensweisen für Jugendliche auf der ganzen Welt ginge verloren, auch als Hort der friedlichen Begegnung, als Symbol der Hoffnung für die Bedeutung gegenseitiger Anerkennung und internationaler Freundschaft.[47]

---

47) Dazu Digel S.6ff.

# Die Gefährdung von Olympia durch das IOC

Der Sport, gesamt gesehen, kann sich einen Olympiaverzicht nicht leisten, mit Rücksicht auf diejenigen, für die das IOC vorgibt zu handeln, die Sporttreibenden in aller Welt, die Vorbilder der qualifizierten Athleten Olympia ist schließlich eine Veranstaltung der Athleten. Sie ausschließlich geben der Imagination des Olympischen Dorfes und dem friedlichen Miteinander der Jugend der Welt einen Sinn.

Aber dieser Sinngebung droht Gefahr. Noch nie wurde das IOC derartig vehement und vernehmbar kritisiert, wie für die Vergabe der Spiele an Peking. Eine Reihe von Staaten wie die USA, Großbritannien, Australien, Kanada und Dänemark boykottierten die Spiele diplomatisch. Andere – wie Deutschland – sagten das nicht so deutlich, offizielle Vertreter nahmen aber ebenfalls nicht teil.

Die Kritik wundert sich über die Leichtigkeit des Spagats der Gralshüter von Olympia. Sie wissen, dass Chinas Führung die Hongkonger Demokratie-Bewegung im Gefängnis enden lässt, dass sie Taiwan mit Krieg bedroht, ihren Nachbarländern die Ausweitung seiner Hoheitsgebiete ankündigt[48], dass sie Min-

---

48) FAZ v. 12. Februar 2022 „Schulterschluss im Indo-Pazifik" und v. 21. April 2022 „Peking sichert sich Brückenkopf im Pazifik".

derheiten in Umerziehungslager steckt[49] und Handelspartner erpresst, Meinungsfreiheit allenfalls kontrolliert zulässt und auf jede Kritik harsch reagiert. Aber sie bringen es fertig, vor eben dieser Führung händeklatschend ihren Kotau zu machen. Und Präsident Bach will zu alledem nichts sagen, denn das sei eine „politische Diskussion", die das IOC wegen seiner politischen Neutralität nicht führen könne.[50]

Die chinesische Tennis-Weltranglisten-Spielerin Peng Shuai hatte den, dem Ministerpräsidenten offenbar nahestehenden, ehemaligen Vize-Premier Zhang Gaoli sexueller Übergriffe beschuldigt und dieses im sozialen Netzwerk Weibo öffentlich gemacht. Der „Post" wurde umgehend gelöscht, jede Debatte von der Zensur geblockt. Peng Shuai verschwand von der Bildfläche.

Als die internationale Sportwelt das IOC drängend hinterfragte, ließ sich Bach vor den chinesischen Karren spannen. Er gab bekannt, dass er mit der Sportlerin telefoniert habe und sich mit ihr in Peking treffen wolle. Das Treffen fand wie schon das Telefonat unter Staatskontrolle statt.

Dabei bestritt die Überwachte, dass sie solche Vorwürfe geäußert habe. Im Übrigen könne sie sich frei bewegen.[51] Im Anschluss wunderte sich der IOC-Präsident, dass die internationale Presse ihm „absurdes Theater" attestierte. Warum fordert

---

49) Siehe die klaren Schilderungen von Mattheis; dazu auch die deutsche Presse am 25. Mai 2022 z.B: FAZ von diesem Tage „Datenleck enthüllt Verfolgung in Xinjiang". Auch der Bericht über die unmenschliche Lage der Uiguren in Xinjiang von Gulbhahar Haitiwaji „Wie ich das chinesische Lager überlebt habe. Der erste Bericht einer Uigurin" – Aufbau-Verlag Berlin 2022. Die chinesischen Kommunisten hatten sich 1949 Xinjiang, das frühere Ostturkestan einverleibt, genauso wie später Tibet; FAZ v. 1. Febr. 2022 „Alle, die er festnahm, waren unschuldig".

50)  FAZ v. 4. Febr. 2022 „Sein oder Nichtsein".

51)  Stellvertretend für die gesamte deutsche Presse: DE v. 3. Febr. 2022 „Olympia hinter Mauern" und v. 8. Febr. 2022 „Nach Essen mit Bach: Sorgen um Peng Shuai bleiben"; FAZ v. 18. Nov. 2021 „Wo ist Peng Shuai?", DE v. 19. Nov. 2021 „Chinesischer Tennisstar Peng Shuai ist verschwunden"; FAZ v. 19. Nov. 2021 „Rote Linien".

das IOC nicht die unbehinderte Sportausübung der Athletin ein und eine Untersuchung der von ihr erhobenen Vorwürfe? Das diplomatische Gehabe verdeckt die Kapitulation des IOC vor den politischen Interessen des Gastlandes. Nicht die Olympische Idee setzt sich durch, nicht die Bestimmtheit der Friedensidee des Sports, sondern die Bestimmtheit der Politik. Das NOK von Guatemala wurde aus dem IOC ausgeschlossen, weil es die Statuten des IOC nicht anerkennen will. Das NOK von Afghanistan wird unter Androhung des Ausschlusses aus dem IOC abgemahnt, Mädchen und Frauen den Zugang zum Sport zu gewähren und sie für internationale Wettkämpfe zu melden. Aber gegen China und Russland geschieht nichts.

Es wird deutlich: Wenn es darauf ankommt, denkt das IOC nicht an die Idee, aus der es seinen historischen Bestand ableitet, sondern in Märkten und Marketing, das jeweilige Gastgeberland aber in politischem Nationalismus. Das Zudecken dieser unterschiedlichen Sichtweisen rechtfertigt das IOC mit der Berufung auf sein unpolitisches Dasein. Aber die großen Nationen missachten die IOC-Statuten genauso wie Guatemala und Afghanistan. Warum wird das vom IOC nicht gleichbehandelt?

Wenn man die Diskrepanzen nicht sehen und konkretisieren will, dann degradiert man selbst die Olympische Idee auf das, als was sie heute für eine kritische Öffentlichkeit erscheint, nämlich wirklich nur eine Idee, die man zwar noch im Munde führt, die aber zur Realität den Bezug verloren hat.

Ändert man an den Gepflogenheiten nichts, in denen sich das IOC offenbar bequem gemacht hat, dann gewinnt die bereits leicht abschüssige olympische Talfahrt an Zug. Die Friedensabsicht bleibt realitätsverloren weiterhin auf der Strecke. Wenn man sich nicht einmischen und seiner Idee Durchschlagskraft verleihen will, dann wird sich nichts ändern. Wer immer unpolitisch-neutral sein will, der muss dieses dann für alle und auf einer für alle gleichen Grundlage sein, wenn er selbst glaubhaft daherkommen will. Sonst bindet er sich für eine Sache die Hände, in der dann Andere für ihn handeln. Veränderungen müssen deshalb das Dogma der politischen Neutralität des IOC hinterfragen.

# Das Verhältnis von Sport und Politik

Die Politik hat sich zu allen Zeiten des Sportes bemächtigt, wenn sie ihn meinte gebrauchen zu müssen. Der organisierte Sport ist ständig Teil politischer Strategien. Sport war immer auch Politik. Schon Turnvater Jahn musste 1820 für seine „nationalpolitische Ausrichtung" sechs Jahre ins Gefängnis. Man kann es wenden und drehen wie man will, Sport und Politik lassen sich nicht trennen. „Die Trennung von Sport und Politik ist weltfremd" fasste es ZDF-Sportmoderatorin Claudia Neumann in ihrem Gastvortrag zum Reformationsfest 2022 bei der Evangelischen Kirche von Hessen-Nassau zusammen. Das beginnt schon in den Kommunen.[52] Das setzt sich fort über Landesförderprogramme für Vereine bis hin zu einer gezielten staatlichen Sportförderung (Corona-Hilfen für Profi-Vereine) und zur Einrichtung besonderer Dienststellen bei staatlichen Institutionen (in Deutschland bei Bundeswehr, Polizei, Zoll). Die Politik rühmt sich der Medaillen, die Sportler einer Nation bei jeweiligen Sport-Großereignissen erringen zum Beweis für die eigene Größe und eigene Qualitäten ungeachtet der Tatsache, dass es sich um Wettkämpfe von Athleten handelt, nicht um Wettkämpfe der Nationen (Regel 6 der Olym-

---

52) „Teuflischer Plan" – Die Stadt Kaiserslautern will den maroden FCK retten" in: FAS v. 25. Febr. 2018.

pischen Charta). Es gab bekannter Weise Zeiten, in denen die Politik den Sport regelrecht zur eigenen staatlichen Anerkennung missbraucht hat – wie das Nazi-Regime, sehr anschaulich von Herzog (S.33ff) beschrieben, das sogar die Aufstellung der Fußball-Nationalmannschaft beeinflusste – das Franco-Regime und die DDR, die argentinische Junta unter General Videla die Fußball-WM 1978.[53] Nicht nur In Russland, China, Bahrein oder Katar lassen die Sportverbände stillschweigend zu, dass Staaten die Sportbühne innen- wie außenpolitisch instrumentalisieren. Sport wird verboten, wenn er Befürchtungen weckt oder nicht in die politische Landschaft passt[54] – wie das Biertrinken in Stadt und Stadien von Katar.

Es gibt sogar zahllose Beispiele für direkte Eingriffe der Politik in sportliche Vorgänge. Nur einige Beispiele:

Französische Staatsinteressen standen bei der Vergabe der Fußball-WM an Katar Pate. Im Iran bestimmt der Staat, wer einen Verein führt und bestraft Sportler für ihr Verhalten. China will im Sport Großmacht werden. Die Regierung Helmut Schmidt legte dem damaligen NOK den Verzicht auf die Teilnahme in Moskau 1980 nahe. Nordkorea verbot seinen Sportlern die Teilnahme in Tokio 2020. Heftige politische Reaktionen verhinderten die Durchführung der Eishockey-Weltmeister-

---

53) Den hohen Sieg Argentiniens von 6:0 im Spiel gegen Peru, den Argentinien brauchte, um Brasilien auszuschalten, nannte der englische Autor David Winner „das wahrscheinlich skandalöseste Spiel in der Geschichte der Weltmeisterschaften". Es wurde mit Getreidelieferungen und Millionen-Zahlungen an Peru in Verbindung gebracht – FAZ v. 5. Nov. 2013 „Welterklärer des Fußballs" zum 75. Geburtstag des argentinischen Trainers Cesar Luis Menotti. FAZ v. 22. Nov. 2022 „Alte Kameraden".
54) „Raus damit" in FAZ v. 26. Okt. 2019 und v. 24. Juli 2016 „Schlachtfeld Sport" sowie v. 14. Nov. 2019 „Löwen im Tränengas" über den Fußball in Irak. FAZ v. 24.Okt. 2022 „Wenn die Partei dazwischen grätscht" und v. 19. Nov. 2022 „Kein Alkohol in Stadien – Fifa beugt sich den Vorgaben Katars".

schaften 2021 in Belarus (Weißrussland).[55] Die afrikanischen Staaten zwangen 1968 das IOC, Südafrika wegen der dortigen Apartheid aus dem Olympischen Rennen zu nehmen. In Ägypten bilden Sport und Politik spätestens seit der Revolution 2011 sogar eine tödliche Gemengelage.[56]

Die Kosovo-Albanerin Majilinda Kelmendi gewann in Rio 2016 eine Goldmedaille im Judo. Bis heute streiten sich Serbien und Kosovo, für wen sie gewonnen hat. Nigeria und Ghana standen 2018 wegen Einmischung des Staates in Verbandsangelegenheiten vor dem Rauswurf aus der Fifa.

Der Sport kann sogar politische Entscheidungen beeinflussen. Der Nachbarkrieg zwischen Honduras und El Salvador 1969 begann wegen eines Fußballspieles und das Spiel zwischen „Dynamo Zagreb" und „Roter Stern Belgrad" am 13. Mai 1990 gilt wegen blutiger Ausschreitungen als einer der Auslöser des nachfolgenden Balkan-Krieges

---

55) „Ein Schlag für Tokio" in: FAZ v. 7. April 2021 und v. 6. Jan. 2021 „Staatsterror darf nicht belohnt werden".
56) FAS v. 21. Okt. 2018 „Die Rassisten aufs Kreuz gelegt"; Über die Situation in Ägypten FAZ v. 19. Juni 2018 „Volksheld und Staatsfeind".

# Das IOC beharrt auf seiner „Politischen Neutralität"

Dem IOC sind alle diese Vorgänge bekannt. Das gesamte Sportgeschehen auf der Welt wird schließlich in Lausanne genauestens beobachtet.

Vielfach ist dieses Weltsportgremium selbst hineingezogen. So im Falle der der Hinrichtung des iranischen Ringers Navid Afkari wegen Teilnahme an einer Demonstration im südiranischen Schiras. Das IOC war lediglich „geschockt über die sehr traurige Nachricht".[57] Oder im Zusammenhang mit der Flucht der belarussischen Olympia-Leichtathletin Kristina Timanowskaja in die polnische Botschaft in Tokio, die damit der vermutlich von höchster politischer Stelle angeordneten Zwangsrückführung nach Minsk zuvorkam. Auslöser der Affäre war ganz offenkundig die öffentliche Kritik der Sportlerin an belarussischen Sportfunktionären. Das IOC entzog den beiden Spitzentrainern der Belarussen immerhin die olympische Akkreditierung und drohte mit dem Ausschluss des Landes von Olympia.[58] Die unversöhnliche Haltung und Handlungsweise

---

57)  DE v. 14. Sept. 2020 „Entsetzen nach Hinrichtung".
58)  FAZ v. 7. Aug. 2021 „Belarussen verlieren Akkreditierung" und vom 3. Aug. 2021 „Flucht endet in polnischer Botschaft" sowie v. 9. Oktober 2020 „Bach will Sportler vor Lukaschenko schützen". Die Sprinterin über die Diktatur in ihrer Heimat: „In Belarus habe ich keine Zukunft mehr" in: FAZ v. 24. März 2022.

des Iran gegen alle Sporttreibenden, die der politischen Raison des Landes nicht absolut folgen, ist dem IOC natürlich ebenfalls bekannt, aber statt der nach den Regeln 21 und 37 der IOC-Charta möglichen Sanktionen kam es nur zu einer pflichtschuldigen Reaktion. Man hoffe auf eine Änderung der Haltung der iranischen Regierung.[59]

Die Entwicklung, aber insbesondere auch die Auswüchse des Sportes gehen am IOC nicht vorbei, in allen Sportarten, natürlich insbesondere im Fußball – von China und Indien[60], bis zum sogenannten griechischen Fußballkrieg[61], von Kasachstan bis Ägypten und Äquatorialguinea.[62]

Das IOC kann – anders als die Weltsportverbände – für den gesamten Sport sprechen. Es könnte und müsste sich gegen sie durchsetzen. Aber die amerikanische Eishockey-Liga (NHL) gibt ihre Spieler für eine Teilnahme an Olympia nicht frei und die Fifa gestattet dieses nur unter altersmäßig einschränkenden Bedingungen. Die FIFA scheute lediglich einen Disput mit dem IOC um den Termin der Fußball-WM 2022 in Katar. Im Februar wäre es zu einer Kollision mit den Winterspielen in Peking gekommen, also nahm man den Dezember in Kauf.

---

59) Der Judo- Weltmeister Saeid Mollaei wurde bei der WM in Tokio 2019 unter staatlicher Bedrohung seiner Familie angewiesen zu verlieren, damit ein Kampf gegen den späteren Weltmeister Sagi Muki aus Israel vermieden würde. Er weigerte sich, floh in die Bundesrepublik, schloss sich dann dem Judo-Verband der Mongolei an und trat für diesen zur WM in Israel an – FAZ v. 20. Febr. 2021 „Ewiges Schandmal". Ferner dazu: FAZ v. 25. Juli 2020 „Der FC Barcelona Irans – Warum die Fans des FC Traktor Täbris überzeugt sind, dass ihr Klub nie Meister werden darf".

60) „Der große Sprint nach vorn – China soll bis 2050 zur Fußball-Weltmacht aufsteigen" in: FAZ v. 17. Juni 2016; Die Zeit v. 17. Dez. 2014 „Aus dem Schatten" (zur indischen Super-League) und FAZ v. 11. Okt. 2014 „Bollywood kickt mit – Indiens Fußball rüstet auf".

61) FAZ v. 26. Nov. 2014 „Der griechische Fußball-Krieg" und v. 20. Aug. 2014 „Pass gut auf! Olympiakos muss gewinnen!": ferner DE v. 13. März 2018 „Der wilde, wilde Grieche".

62) FAZ v. 17. Nov. 2014 „Fußball-Freunde in der Not – Zurück beim Diktator".

Dem IOC kann eigentlich nicht verborgen bleiben, dass solche Entscheidungen der Verbände auf den Sport in seiner Gesamtheit abstrahlen und der Olympischen Idee schaden. Aber man vermeidet jeglichen Konflikt unter Berufung auf „Politische Neutralität".

Wie Aristoteles schon vor mehr als 2000 Jahren in seiner Tugendethik feststellte: Wer nur bestrebt ist, seinen Gewinn zu maximieren und sich nicht für die Belange anderer interessiert, der bleibt am Ende sinnentleert zurück.

Deshalb dürfte es dem IOC nicht gleichgültig sein, wenn der medienmächtige amerikanische Sender „National Broadcasting Company" (NBC) gegenüber Olympiasiegern Rassismus an den Tag legt. NBC ist eine Macht bei Olympia. Kein anderer Sender zahlt an das IOC mehr für die Übertragungs-Rechte, niemand hat mehr Einfluss auf die Startzeiten und die Reihenfolge der Wettbewerbe.

Der Afroamerikanerin Simone Manuel gelang in Rio etwas Historisches. Zum ersten Mal gewann eine Amerikanerin mit afrikanischer Abstammung einen olympischen Schwimmwettbewerb und dann auch noch einen solchen prestigeträchtigen wie die 100 m-Freistil. Eigentlich ein wichtiges Signal in einer von Polizeigewalt gegen Schwarze geprägten politischen Lage in Amerika. Tatsächlich aber griff die NBC dieses „Signal der Hoffnung" nicht auf und verweigerte die Live-Übertragung der Siegerehrung, bei der die US-Hymne für eine Dunkelhäutige gespielt und das Sternenbanner für sie aufgezogen wurde.[63] Da bildet die Berufung auf „Politische Neutralität" eine bequeme Ausrede für die Untätigkeit des IOC.

„Nicht-Diskriminierung ist ein essentieller Wert der olympischen Bewegung" ließ Präsident Bach am 7. Oktober 2020 anlässlich einer Sitzung der IOC-Exekutive in Athen verlautba-

---

63) FAZ v. 13. Aug. 2016 „Rätselhafte Bildstörung".

ren. Das IOC habe das Mandat, die Sportler zu beschützen und würde im Falle einer Verletzung Maßnahmen und Sanktionen ergreifen, die in der Charta vorgesehen sind.[64]

Wie kann man einen Sportler eigentlich mehr diskreditieren, als durch ein politisch-bewusstes Weglassen seiner olympischen Siegerehrung? Durch Berufung auf „Politische Neutralität".

Das IOC stellt sich als Gestalterin eines weltweit freien, fairen, friedlichen Miteinanders im Sport auf, aber wenn es darauf ankommt, lässt es Andere gestalten – und so gut wie risikolos die Bedingungen dafür setzen. Wie kann man die Olympische Idee eigentlich stärker korrumpieren?

---

64) FAZ v. 9. Okt. 2020 „Bach will Sportler vor Lukaschenko schützen". Aber wo blieb die Empörung des IOC, als der Judo-Weltverband die israelischen Teilnehmer an der Weltmeisterschaft 2017 in Abu Dhabi dadurch diskriminierte, dass er sie nur als neutrale Sportler antreten ließ? Auch der Judo-Verband hätte die Olympische Charta mit Diskriminierungsverbot einzuhalten gehabt – siehe DE v. 4. Nov. 2017 „Wo bleibt die Empörung".

# Die „Politische Neutralität" ist eine Farce

Die Olympische Idee ist in: „Grundlegende Prinzipien des Olympismus" in der Olympischen Charta verbindlich für das IOC festgelegt. Wer sich aber aus welchen Gründen nicht daran halten – und das bedeutet auch, sie nicht durchsetzen will, der flüchtet sich in „Politische Neutralität". Bei der letzten gemeinsamen Pressekonferenz von IOC und OK mit IOC-Pressesprecher Mark Adams am 17. Februar 2022 in Peking[65] fragte ein australischer Reporter die konferenzleitende Chinesin, ob die Entzündung des Olympischen Feuers unter Beteiligung einer Uigurin bedeute, dass ihre Bevölkerungsgruppe jetzt weniger drangsaliert werde. Ihre Antwort: Alles geschehe nach den Gesetzen des Landes und in Übereinstimmung mit den Regeln des IOC. Mark Adams relativierte etwas, aber in den ZDF-Sportnachrichten vom gleichen Tage hieß es: „Das Märchen der politischen Neutralität wurde durch eine einzige Pressekonferenz entlarvt".

Wenn sie autonom bleiben wolle, müsse seine Organisation politikfern operieren, sich also der Politik des jeweiligen Gastregimes anpassen. Die politische Einmischung zerstöre die olympischen Werte. Deshalb dürfe sie nicht geduldet werden, so Mark Adams. Damit argumentiert er in langer IOC-Tradition.

---

65) Dazu auch FAZ v. 18. Febr. 2022 „Diese Fragen basieren sehr stark auf Lügen".

1936 drängten die Amerikaner, Deutschland müsse jüdischen Sportlern die Teilnahme an Olympia erlauben. IOC-Präsident Henri de Baillet-Latour beschied sie: Man wolle sich nicht in die inneren Angelegenheiten eines Landes einmischen. Wenn Deutschland keine jüdischen Sportler nominiere, sei das seine Sache.[66]

Nach dem zweiten Weltkrieg verwendeten hohe Sportfunktionäre des Nationalsozialismus wie Dr. Carl Diem, Dr. Peco Bauwens die These vom angeblich unpolitischen Sport, um kritische Reflexionen über ihre frühere Rolle zu verschleiern. Bis heute prägt sie vor allem den Wortschatz von Autoritären. Auch diese Tatsache sollte dem IOC zu denken geben, wenn mit nichtpolitischer Duldung und politischen Verboten im Sport argumentiert wird.

Duldung und Verbote begründen Handlungsoptionen, aber nur abwehrende. Eine derartige „Duldungsversion" des IOC konzentriert sich zudem auf die „Allgemeinpolitik", nicht auf die Sportpolitik.

Wenn bei Olympia über unterschiedliche Meinungen und Verhaltensweisen der Nationen zu politischen Vorgängen demonstriert werden darf, geraten die Spiele in Gefahr. Das gilt unabhängig davon, ob das demonstrative Verhalten als Botschaft an die Welt, oder an den Veranstalter gerichtet wird. Demonstrationen und Verhaltensweisen mit politischem Hintergrund berühren immer auch die Reaktion Andersdenkender und haben damit das Potential zur Spaltung. Botschaften einer Nation oder einer Gruppe, die von einer anderen als Belehrung empfunden werden, sind dem Gedanken der Völkerverständigung nicht zuträglich. Deshalb ist jedes Teilnehmerland aufgefordert, die Veranstaltungsregularien und die Gesetze des Gastlandes zu beachten. Wer das nicht will, sollte nicht teilnehmen.

---

66) Hilmes S. 202.; Rückkehr S. 45/46

Aber geht es denn bei der „Politischen Neutralität" überhaupt um eine solche „Duldungsversion" zur Politik in Gastgeberland oder teilnehmenden Nationen? Oder geht es nicht vielmehr um eine „Gestaltungsversion" des eigenen politischen Anspruches des IOC. Dieser Anspruch auf Vorrang und Beachtung der Werte des Sportes müsste über jeder Veranstaltung stehen. Jeder politisch-gearteten Demonstration wäre der Wind aus den Segeln genommen, wenn die Anerkennung der sportlichen Werte überragte und eingefordert würde, jedes Gastgeberland sich daran auszurichten hätte.

Wer in Frieden bis zu 205 Nationen der Erde frei und fair, begleitet von freier Berichterstattung und freier Bewegung im Lande sportlich konkurrieren lassen will, der hat ja ein politisches Ziel, ist also im Kern selbst eine politische Organisation. Wenn das IOC dieses leugnet und politisch neutral sein will, hat es die Durchsetzung seiner Grundlagenbestimmung aufgegeben, nämlich die Olympische Idee.

Darüber hinaus darf wohl hinterfragt werden, was denn unter „Politischer Neutralität" verstanden werden soll? Schließlich ist jedes sportlich Vermittlungsgespräch zwischen Nationen – wie etwa zwischen Nord- und Südkorea -oder im Interesse einer Nation ein politischer Akt. Der Sport ist ständig Teil politischer Strategien. Er wird für alles instrumentalisiert – Geschäfte, Kommerz, Betrug, Ehrungen, Manipulation. Wird dieses Instrumentarium nicht im politischen Bereich gespielt? Ist die Sicherung und Werbung für sportliche Grundwerte wie Solidarität, Fairplay, Leistung, Spaß und Freude an der Bewegung, demokratisches Verständnis, oder freie Kommunikation keine politische Leistung, sondern etwa politisch neutral? Auch diese Unbestimmtheit des Begriffes lässt die Frage wachsen, ob er für das IOC in der Zukunft noch taugt.

In allen Sportarten und auf allen Ebenen, auf denen sie ausgeübt werden, sind Sport und Politik nicht zu trennen. Das zeigte sich weltöffentlich wieder im Ukraine-Russland-Konflikt. Alle Hilfeleistungen und die Werbung des russischen Energie-Unternehmens und sportlichen Großsponsors „Gazprom" gerieten in die Zwickmühle – und zwar von FIFA und UEFA bis zu den Vereinen und Veranstaltungen.[67]

Das führte zu Konsequenzen gegen den Sport in Russland, bis hin zum Entzug sämtlicher Veranstaltungen im internationalen Sportkalender.[68] Er muss sich jetzt natürlich hinterfragen lassen, warum Sportarten und hier insbesondere der Fußball am Tropf eines kriegsführenden Staates hängen. Der englische Fußballverband hatte dabei ein besonderes Problem: Mehrere russische Oligarchen waren Eigentümer englischer Spitzenclubs.[69]

Ausgerechnet das IOC glaubt nun, Sport und Politik trennen zu müssen. Die hoheitlich-souveräne Einbildung, das zu können, hat die Olympische Idee an den Rand des Absturzes gebracht. Ein Umdenken ist unerlässlich.

---

67) Stellvertretend für die deutsche Presse von diesem Tage: DE v. 23. Febr. 2022 „In der Zwickmühle". Schach und Boxen wählten 2022 ihre russischen Präsidenten wieder – trotz Putins Überfall auf die Ukraine. In mehr als 30 der vierzig Weltverbände mit olympischen Sportarten haben russische Funktionäre etwas zu sagen – vorwiegend, weil sie für Geld sorgen – FAZ v. 27. April 2022 – „Die Schachwelt bleibt den Russen treu" und v. 21. Mai 2022 „Nah an Putin".

68) Für die deutsche Presse vom 25. Februar: DE von diesem Tage „Der Sport zieht Konsequenzen" und v. 26. Febr. 2022 „Sport zieht sich aus Russland zurück". FAZ v. 26. Febr. 2022 „Die Zauderer"; DE v. 28. Febr. 2022 „Die Stimme des Sports" und v. 8. März 2022 zum besonderen Verhalten des Judo-Weltverbandes: „Eiskalte Funktionäre". Zusammenfassend vor allem Martin Nolte und Christian Tams: „Weltfußball und Weltpolitik" in: FAZ v. 4. März 2022. Allerdings schloss nur die Internationale Biathlon-Union (IBU) die Verbände von Russland und Belarus aus, so dass diese sich auch nicht mehr um internationale Veranstaltungen bewerben können FAZ v. 30. März 2022 „Schmerz im Herzen".

69) Zu den Sanktionen der englischen Regierung gegen die Clubeigentümer siehe DE v. 11. März 2022 „Chelsea darf nur noch Fußball spielen" und „Londongrad und seine Oligarchen".

# Das IOC muss politisch werden

D er Sport ist nun einmal ein Handlungsfeld, in dem sich politische Interessen entfalten, gerade weil man es für unpolitisch hält. Der unpolitische Sport funktioniert nicht in einer politischen Gesellschaft. Der DOSB hat dieses Faktum jetzt wohl erkannt und beginnt umzusteuern.[70] Ein Sportfördergesetz und eine von Sport und Staat kontrollierte, aber unabhängige Sportagentur zur Steuerung und Förderung des olympischen Spitzensportes sollen installiert werden. Ein „Bewegungsgipfel" soll in Bund, Ländern und Gemeinden Defizite in Sport und Sportförderung abbauen und auch die Rolle der Krankenkassen soll in Bezug auf den Sport prägnanter werden.

Sport hat die jeweilige Gesellschaftspolitik immer eingeladen, sich seiner zu bedienen, weil er als ein inhaltsleerer, sich unpolitisch gebender, gestalterisch nicht in Erscheinung tretender Faktor wahrgenommen wurde. Die politische und seit

---

70) Christian Streich, Fußball-Trainer des Bundesliga-Clubs SC Freiburg hat ein politisches Mandat für den Fußball gefordert, ohne dies allerdings weiter zu konkretisieren – siehe FAZ v. 2. März 2020 „Furchtloser Vorkämpfer". Zur Politik im Fußball: 1974 trat Russland wegen des Pinochet-Putsches in Chile nicht zum dortigen WM-Qualifikationsspiel an. Die FIFA verlangte aber Anstoß im Nationaltrikot und Ball im Tor der nicht anwesenden Mannschaft – DE v. 9. Juni 2017 „Der absurdeste Kick aller Zeiten". Beim DOSB ist Bewegung zu verzeichnen – FAZ v. 15. Sept. 2021 „Gut für die Nation" und v. 15. Juni 2022 „Bewegungsgipfel beim Bundeskanzler".

1984 zunehmend kommerzielle Umklammerung hat das IOC bisher als sportlich wegweisende Organisation nicht veranlassen können, eine eigengestalterische Rolle in Politik und Gesellschaft einzunehmen. Die Folgen treten zutage.

Glaubwürdigkeit und Vertrauen in die Botschaften des IOC gehen verloren, wenn das IOC, verstärkt durch Peking 2022, als Komplize von Veranstaltern mit autoritären Staatsstrukturen ausgemacht wird. Sie gehen auch verloren, wenn man Völkerrechts – und Menschenrechtsverletzungen abtut und sich als dafür unzuständig erklärt, wenn „Politische Neutralität" in den Augen der Öffentlichkeit bedeutet, je nach Gegebenheit auf allen Seiten zu stehen, aber nie auf der für einmal richtig erkannten Seite Verantwortung zu übernehmen.

Wirtschaft, Medien, Medizin und Pharmazie brauchen den Sport und müssen wegen ihrer eigenen Akzeptanz an einem anerkannten, faszinierenden Weg des Sportes interessiert sein, nicht aber an einem solchen mit moralisch abgewerteten, prinzipiell unglaubwürdigen Image.

In der Charta des IOC gibt es „Grundlegende Prinzipien des Olympismus". Darin heißt es unüberbietbar deutlich: „Jede Form von Diskriminierung eines Landes oder einer Person aufgrund von Rasse, Religion, Politik, Geschlecht oder aus sonstigen Gründen ist mit der Zugehörigkeit zur Olympischen Bewegung unvereinbar" (Ziffer 5).

Regel 2 dieser Olympischen Charta betont: „Die Rolle des IOC besteht darin, gegen jeden politischen und kommerziellen Missbrauch des Sportes und der Athleten vorzugehen" (Ziffer 10).

Wer solche Werte der Olympischen Idee propagiert, sie aber wegen politischer Neutralität nicht verfolgt und ihre Geltung nicht einfordert, der darf sich über verlorenes Terrain an Vertrauen und Glaubwürdigkeit nicht wundern. Aber wie kann das IOC Vertrauen und Glauben an die Olympische Idee gewinnen?

# Ein politisches Mandat für das IOC

Um von der politischen Neutralität zu einer politischen Rolle des IOC zu gelangen, ist vorab eines festzuhalten: Es kann nicht um ein „Allgemeines politisches Mandat" gehen, wie es Regierungen und Parteien innehaben. Das IOC ist kein Staat oder Staatengebilde, auch wenn in Regel 15 der Olympischen Charta von Lausanne als Olympischer Hauptstadt die Rede ist. „Das IOC ist keine Super-Weltregierung, die die Probleme der Welt lösen könnte" wird Thomas Bach zitiert.[71] Aber das IOC ist eine Weltorganisation mit der „Olympischen Idee" als klarer politischer Zielsetzung. Dieses politische Primat ist in der Olympischen Charta untermauert: „Jede Person oder Organisation, die in irgendeiner Eigenschaft der Olympischen Bewegung angehört, unterliegt den Bestimmungen der Olympischen Charta und hat die Entscheidungen des IOC zu befolgen" (Regel 1 Ziff. 2). Eines solchen Anspruches bedarf es nicht, wenn er nicht zielführend umgesetzt werden soll. Wer Gehorsam verlangt, muss auch Mittel zu seiner Erzwingung einsetzen können.

Und da dem IOC keine staatliche Gewalt zukommt, kann der Anspruch nur über sportpolitische Entscheidungen sichergestellt werden. Das IOC hat also ein sportpolitisches Mandat, blendet dieses aber unter Berufung auf „Politische Neutrali-

---

71) FAZ v. 8. April 2021 „Wiedersehen mit dem Boykott-Gespenst".

tät" aus. Nach alledem, was Lexika und Begrifflichkeit des griechischen Ursprungs dazu in heutiger Erkenntnis hergeben, hat man unter „Politik" „den öffentlichen Konflikt von Interessen unter den Bedingungen von Machtgebrauch und Konsensbedarf" zu verstehen. Politik ist der organisierte Streit um die Bewahrung oder Veränderung bestehender Verhältnisse und deren Regelung.

Der Sport muss also für Dritte etwas bewirken wollen, er muss die Olympische Idee gestalten wollen. Wenn er das nicht will, bleibt er Spielball von Politik und Kommerz. Wenn er handeln will, muss er sich als politischer Faktor verstehen und sich dessen bewusst werden.

Zwar werden die sportlichen Verbandsstrukturen und ihre Regulierungen von den Sportverbänden gesetzt, aber das IOC kann sie auf etwaige Verstöße gegen die Regeln der Olympischen Charta prüfen. Das IOC ist kein „zahnloser Tiger". Es kann im Innenverhältnis des Sportes für Andere verbindliche Regeln setzen, die aber nach außen für alle Mitglieder in den Verbänden wirken. Das IOC kann dies aber auch aus eigener Initiative anstoßen und zwar auf zweierlei Weise: Zum einen direkt, indem es politische Wirkungen gestaltet – wenn es Russland beispielsweise wegen des Ukraine-Krieges von der Teilnahme an Olympia und russische Funktionäre aus seinen Gremien ausgeschlossen hätte, oder wenn er Staaten vorgibt, welche Sportstätten und dafür taugliche Infrastruktur errichtet werden müssen. Zum anderen indirekt, wenn politische Wirkungen erzielt werden, für die das IOC die Ursachen gesetzt hat – zum Beispiel die Einhaltung der Menschenrechte und menschenwürdige Arbeitsbedingungen auf Baustellen des Sportes einfordert oder Nationen kritisiert, die dem Schulsport keine Beachtung schenken, die nicht gegen Rassismus vorgehen, oder die Gleichheit sportlicher Bedingungen nicht garantieren.

Immer dann, wenn die real-staatliche Politik reagieren muss, handelt das IOC, handeln seine verantwortlichen Gremien, als politischer Faktor, ob sie das wahrhaben wollen oder nicht.

Keine Verantwortung zu übernehmen und den Kampf gegen den Betrug auf die Sportverbände abzuschieben, wie beim russischen Staatsdoping geschehen[72], ist mehr als fragwürdig.

Die Sportverbände nach dem Einmarsch in die Ukraine zur wettkampfmäßigen Enthaltsamkeit gegenüber Russland aufrufen, aber selbst nichts tun. Kein: „Russland raus aus der Olympischen Familie", wie etwa den IOC-Ausschluss der russischen Mitglieder Jelena Issinbajewa und Schamil Tarpischtschew. So etwas könnte ja das „Neutral-Gespinst" des IOC vergrämen.[73] Vom Verbot jeglicher Diskriminierung reden, aber der russischen Leichtathletin Julija Stepanowa, der Enthüllerin des Staatsdopings, zu attestieren, dass sie – obwohl qualifiziert – den „ethischen Anforderungen" an eine Olympia-Teilnahme nicht genüge.[74]

Diese als niederträchtig empfundene Art und Weise bringt die oberste Autorität des Sports vor den Augen der Welt in ein immer unverhohleneres Zwielicht. Sich einem Diktator in den Arm zu werfen, aber die Proteste gegen diesen Diktator als unzulässige politische Einmischung geflissentlich zu übersehen oder unerwähnt zu lassen, das wird dem IOC die Zukunft verhageln. Denn immer deutlicher wird die

---

72) Dazu auch FAZ v. 25. Juli 2016 „Der Chef duckt sich weg"; FAZ v. 5. Sept. 2016 „Rücktritt hoch drei – Anti-Doping Experten der FINA ziehen Konsequenzen" und v. 7. März 2022: „Alles geben für Blau und Gelb".
73) FAZ v. 1. März 2022 „Rote Karte für Russland – Das IOC ruft dazu auf, Athleten und Funktionäre aus Russland und Belarus vom internationalen Sport auszusperren" und v. 15. März 2022 „Unpolitischer Sport?".
74) FAZ v. 26. Juli 2016 „Von Bach beleidigt" und v. 27. Juli 2016 – Diskus-Olympiasieger Robert Harting: „Bach ist Teil des Doping-Systems".

Frage gestellt, warum seine Mitglieder den Eid, den sie bei Aufnahme in das Gremium geleistet haben, ständig brechen.[75]

Kommen die Olympier nicht bald aus ihrer vermeintlich unpolitischen Wagenburg heraus, verstärken sie nicht nur die Gefährdung der Reputation Olympias, die ihren tiefen Sinn, die Olympische Idee zu verlieren droht, also den Wegfall des eigenen Maßstabes, der stets die Hoffnung auf Veredlung in sich getragen hat. Sie gefährden den Sport zudem als ernstzunehmenden Gesprächspartner, sie treffen auf taube Ohren.[76]

---

75) Die Eidesformel lautet: „Der Ehre teilhaftig geworden, Mitglied des Internationalen Olympischen Komitees zu werden und im Bewusstsein der Verantwortung, die mir diese Stellung auferlegt, verpflichte ich mich, mich nicht von politischen oder geschäftlichen Einflüssen und von rassistischen oder religiösen Erwägungen leiten zu lassen".
76) FAZ v. 21. Mai 2022 „Bach traf auf taube Ohren".

# Die Ausgestaltung eines politischen Mandats des IOC

Auf welchen Feldern muss das IOC sein politisches Mandat wahrnehmen, um die Olympische Idee zu bewahren und sie in eine glaubhafte, mit Verständnis behaftete Zukunft zu führen, Glaubwürdigkeit mit Konstanz anzureichern? Dem IOC muss durch Aufnahme des politischen Mandates daran gelegen sein, positive Botschaften auszustrahlen, damit sein Image und damit das Image der Spiele nicht weiter Schaden nimmt.

## 1. Als moralische Instanz

Kein allgemeines politisches Mandat, aber hinsichtlich der Olympischen Idee ein sportpolitisches also. Die Selbstverpflichtung der Olympischen Charta gibt dem IOC den Handlungsrahmen vor. Sie rechtfertigt sich darin selbst als moralische Instanz. Als solche ist sie ein für den Sport wesentlicher politischer Faktor, der selbst handeln und Einfluss nehmen muss. Eine Nation zu den Spielen zuzulassen, die skrupellos und mit krimineller Energie anderen Nationen für ihre Teilnahme an Olympia Nachteile – durch Doping oder sonstigen Betrug – zufügen will und den olympischen Gedanken an Frieden und Völkerverständigung gar durch einen Angriffskrieg verhöhnt, muss die moralische Instanz des IOC herausfordern.

Wenn nicht, wird zusätzlich ein weiteres Wesensmerkmal der Olympischen Bestrebungen preisgegeben – die Ehre, teilnehmen, sich mit den Besten der Welt messen zu dürfen und der Stolz, auf ehrlich, faire Weise zum Erfolg gekommen zu sein.

Das IOC darf sich gegenüber Verbänden wie der FIFA nicht nur in Terminfragen durchsetzen, sondern ihm muss vor allem in Fragen der sportlichen Moral daran gelegen sein. Die Vergabe bedeutender sportlicher Veranstaltungen in ein Land, das Olympische Prinzipien nicht einhält – wie zum Beispiel die Eishockey-Weltmeisterschaft für 2021 an Belarus – muss zum Ausschluss der Sportart von Olympia führen. Eine solche klare Linie hat das IOC zurückliegend schon einmal verfolgt. Die Spiele für 1940 waren an Tokyo vergeben. Wegen Japans Krieg gegen China wurden sie 1938 dem Kriegstreiber entzogen und nach Helsinki neu vergeben. Finnland sah sich dann wegen des russischen Einfalles auf sein Territorium 1939/40 nicht mehr in der Lage, Olympische Spiele auszurichten. Warum eine solche klare Linie nicht in der heutigen Zeit?

Machtlos ist nur, wer glaubt, dass er es ist. Steht die Glaubwürdigkeit des IOC auf dem Spiel, droht es eines seiner Hauptpfänder ein für allemal zu verlieren. Wer bewirbt sich dann noch um die Austragung von Olympia? Das IOC muss sich dagegen wehren, dass eine große Idee zum Geschäftsmodell verkommt, dass Olympia zum Hohlraum wird. Dazu braucht es nicht nur sportliches Gemeinschaftsgefühl, sondern Führung, um der Entschlossenheit der Rücksichtslosen eine eigene Entschiedenheit entgegensetzen.

## 2. Als Sprachrohr der „Olympioniken"

Olympia ist ein Fest der Athleten, so hält es jedenfalls Regel 6 der Olympischen Charta fest. Aber Olympia rollt über sie hinweg. Weder bei der Festlegung des Gastgeberlandes/

der Gastgeberstadt, noch bei der Programmgestaltung, noch bei den Zulassungsregeln für die Teilnehmer haben sie eine erwähnenswerte Möglichkeit der Einflussnahme, geschweige denn bei der Verteilung der Einnahmen. Sie zaubern die olympische Atmosphäre und erzeugen die für Olympia typischen Begeisterungsstürme, die weltweit nachhaltig aufgenommen werden. Zum IOC gehört eine Athleten-Vertretung. Als 1999 der Korruptionsskandal um Salt Lake City die olympische Organisation erschütterte, wurde 15 Athleten-Vertretern Sitz und Stimme im IOC gewährt. Als oberster Athleten-Sprecher wurde der Leichtathletik-Sprint-Silbermedaillengewinner Frank Fredericks aus Namibia gewählt. Als er mit anrüchigen Finanzgeschäften in Verbindung gebracht wurde und in den Verdacht geriet, für Rio seine Stimme verkauft zu haben, war auch die Athleten-Vertretung diskreditiert.

In Deutschland und Kanada haben sich aus ehemaligen und kommenden „Olympioniken" sowie international erfahrenen Sportlern Athleten-Vereinigungen gebildet. Im Dezember 2022 ist der „Verein Athleten Deutschlands" vor dem Sportausschuss des Bundestages mit Vorschlägen wie einem „Innovationsfonds" für Talente bereits hervorgetreten.

Auch in anderen Ländern beginnt sich die Forderung nach mehr Athleten-Mitbestimmung zu regen. Überwiegend geht es um die Regeln 40, 50 und 51 der Charta (Politischer Protest, Werbung). Auf der Internationalen Ebene fehlt noch die flächendeckende Repräsentanz.[77] Globale Anliegen zu bündeln

---

77) Der Kanadier Rob Koehler ist Generaldirektor von „Global Athletes", einer Interessenvertretung die für sich in Anspruch nimmt, für mehr Mitsprache von Sportlern gegenüber internationalen Sportverbänden und den Schutz ihrer Rechte einzutreten. Dazu FAZ v. 2. Febr. 2022 „Das IOC sollte sich schämen"; ferner FAZ v. 15. Juni 2020 „Weiter wie bisher? Das müssen wir verhindern"; Das Parlament v. 19. Mai 2008 „Vielleicht sind wir Sportler uns unserer Macht nicht bewusst"; FAZ v. 28. Febr. 2019 „Nur ein erster Schritt" (Lockerung der Werbebeschränkungen durch Bundeskartellamt).

stellt allein schon deswegen ein schwieriges Unterfangen dar. Entschließungen regionaler Athleten-Vereinigungen prallen an der IOC-Mauer ab.

Aber würde das auch überhaupt einen Sinn machen? Der Kampf gegen den Rassismus in den USA gehört nicht auf die Agenda von IOC Sitzungen. Das IOC hat die Macht, die Spiele nach eigenen Kriterien zu vergeben und auf jegliche Transparenz zu pfeifen. Die Änderung der Charta-Regeln kann man sicherlich durch entsprechende Initiativen beeinflussen, aber die Diskussion darüber führt nur zu einer Ablenkung vom eigentlichen Problem. Kann denn eine Athleten-Vertretung dafür Sorge tragen oder einen Beitrag dazu leisten, dass das IOC die Olympische Idee glaubhaft vertritt? Im Kern ja, auch wenn es derzeit noch an Organisation und Struktur fehlt.

Die Unterstützung „seiner" Athleten ist aber Teil der in der Olympischen Charta niedergelegten Olympischen Idee.

In Regel 2 Ziffer 11 der Charta heißt es dazu: „Die Rolle des IOC besteht darin, die Bemühungen von Sportorganisationen und staatlichen Behörden, für die soziale und berufliche Zukunft der Athleten zu sorgen, zu stärken und zu unterstützen". Hier tut sich ein Feld für die Wahrnehmung der Interessen olympischer Athleten auf. Das IOC könnte durch eine weltweit aufgespannte Athleten-Vertretung ständig daran erinnert werden, dass Teilnahme an olympischen Spielen Teilhabe an der olympischen Bewegung heißt.

Wer Teil der Olympischen Bewegung ist, hat ein Recht darauf, dass sich das IOC um ihn sorgt, ihn notfalls unter seine Fittiche nimmt. Zwar fehlt es den Vertretern der Rechte von Athleten derzeit noch an umfassender Organisation und Struktur, aber auch lediglich regional tätige Vereinigungen können der Athleten-Kommission des IOC zuarbeiten. Es könnte angezeigt werden, wenn Athleten in Opposition zu ihrer Regierung Verfolgung oder Haft drohen, wenn Reisebeschränkungen oder

Berufsverbote auferlegt werden, wenn rassistische Benachteiligungen oder sexistische Beleidigungen zu vergewärtigen sind, wenn die Sportausübung behindert wird. Das IOC hat die Macht und die Fähigkeiten dazu, seine Athleten mit den in der Olympischen Charta vorgesehenen Maßnahmen zu schützen, darüber hinaus die Weltöffentlichkeit zu alarmieren.

Die Athleten haben die Möglichkeit und die Befähigung, das IOC anzuhalten, dieses Mandat mit Leben zu erfüllen.

### 3. Als Stifter des Olympischen Friedens

Wenn die Olympische Charta das Handlungsfeld des IOC absteckt, dann gehört die Forderung nach Sicherstellung eines wirklichen Olympischen Friedens, einer Waffenruhe von 7 Tagen vor Beginn jeweiliger Spiele bis 7 Tage nach Ende der Paralympics zu seinen wichtigsten Handlungsfeldern. Die Zeitspanne wurde in der Resolution zur Waffenruhe der 76. UN-Generalversammlung 2021 von 193 Nationen gebilligt. Sie fußt auf der „Ekecheria", dem Waffenruhe-Gebot des antiken Olympia, das von der Abreise der Athleten bis zu ihrer sicheren Heimkehr in ihr Heimatland reichte. Diese Resolution hat keinen bindenden Charakter. Sich um eine bindende Verpflichtung zu bemühen, wäre eine politische Aufgabe des IOC. Nicht nur viel davon reden, sondern zielgerecht für einen realen Weltfrieden während Olympischer Spiele im Sinne der

Erfüllung der Olympischen Charta handeln. Wirklich harte und beharrliche Bemühungen um Frieden und nicht etwa um sozialpolitische oder andere Elemente eines ausgeweiteten und verwässerten Friedensbegriffes.[78]

Nun mag man einwenden, es habe während der Olympiaden im 21. Jahrhundert keinen Krieg gegeben. Xi Jinping habe doch sogar den Beginn des Russland-Ukraine Krieges und nordkoreanische Raketentests während der Winter-Olympiade in Peking verhindert. Aber das war nicht der laufenden Olympiade geschuldet, sondern der Intervention eines großmächtigen Staatenlenkers, der „seine" Olympiade nicht belasten und dadurch an Bedeutung verlieren lassen wollte. Denn Putin hatte schon 2008 mit dem Beginn des kaukasischen Krieges den Olympischen Frieden befleckt.

Mag die Zahl der Konflikte insgesamt zurückgegangen und eine neue Art von kriegerischer Auseinandersetzung vorherrschend geworden sein. Kämpfe um Ressourcen (Öl, Gas, Lithium, Seltene Erden, Wasser, Opium, Fischereirechte), Bürgerkriege und vergleichbare Zustände, Grenzstreitigkeiten und vor allem religiöse Anliegen halten an.

Konflikte werden seltener zwischen Staaten, sondern innerhalb von Staaten ausgefochten. Klassische Heere treffen auf Nichtarmeen, wo einst Bomber dröhnten summen Drohnen.

---

78) Frieden wird gemeinhin definiert als Zustand im Zusammenleben der Staaten, der Kriegshandlungen und Verletzungen der Souveränität derselben ausschließt, auf der Basis von Verträgen und Übereinkünften beruht und entsprechend den Regeln des Völkerrechts unterhält. Der Kriegsausbruch in der Ukraine fiel noch in die olympische Waffenruhe der UN-Resolution, die auch die Paralympics umfasst. Das Internationale Paralympische Komitee (IPC) schloss Russland und Belarus von der Teilnahme in Peking aus. Siehe gesamte deutsche Presse v. 4. März 2022. Die Entscheidung fiel erst nach massiven Protesten gegen eine anderslautende Entscheidung vom Vortage und hätte viel früher fallen müssen. Das IPC wollte die Athleten beider Staaten zunächst ohne Flagge und Hymne antreten lassen. FAZ v. 4. März 2022 „Die ganze Welt hat Druck gemacht".

Deshalb sollte das für die gesamte Welt drohende gefährliche Potential nicht kleingeredet und muss für einen olympischen Frieden mitgedacht werden.

Das Gesicht des Krieges hat sich im letzten Jahrhundert verändert, die Motive für kriegerische Aktionen sind die gleichen geblieben.

Was der griechische Historiker Thukydides (460–396 v. Chr.) in den Büchern seines Werkes „Der peloponnesische Krieg" beschrieben hat, ist bis heute gültig. So vielfältig die Auslöser sein mögen – Attentate, mörderische Entführungen, Änderung von oder Einführung neuer Gesetze, ein Prager Fenstersturz – die zentralen Motive bleiben diejenigen, die er vor mehr als 2000 Jahren beschrieben hat: Furcht, Ehre und Nutzen. Sie treten im Falle Putins klar zutage.

Seit der Jahrtausendwende ist eine weltweite Gefahr durch die Verbreitung eines religiösen und politischen Terrorismus hinzugekommen.[79]

Dessen Gefährlichkeit besteht nicht nur in seiner Fähigkeit, überall auf der Welt aktiv zu werden. Sie besteht vor allem darin, sich in nahezu jedem Staat unterstützt bewegen und gewalttätige Reaktionen provozieren zu können. Die Globalisierung mit ihren freiheitlichen Informationsströmen und wirtschaftlichen Wechselbeziehungen wirkt da eher verschärfend.

---

79) „Die neuen Religionskriege" in: Die Zeit v. 18. Sept. 2014. Siehe dazu auch den Roman von Phil Klay über amerikanische Waffengänge im 21. Jahrhundert und FAZ v. 15. Febr. 2022 „Wo sind noch Kriege zu gewinnen".

Al-Kaida oder das „Kalifat des Islamischen Staates" und andere Dschihadisten nutzen virtuos die Möglichkeiten der Globalisierung, ihrer Finanzströme und ihres waffentechnischen Potentials. Der Krieg ist gegenwärtiger denn je und deshalb einen Frieden wenigstens für Olympia in ein globales Regelwerk einzubeziehen aller Anstrengung wert.

Das, was als Krieg bezeichnet wird, stellt sich vielgestaltiger als noch vor Jahrzehnten dar. Die herkömmliche Unterscheidung zwischen Angriffs – und Verteidigungskrieg oder zwischen Staaten – und Bürgerkrieg kennzeichnet keine Orientierungslinie mehr.

Der Russland-Ukraine-Krieg 2022 könnte so zum Präzedenzfall für eine neue internationale Ordnung werden, einschließlich des in der Charta der Vereinten Nationen herausragenden Verbots eines jeglichen Angriffskrieges.

Dieser neue Horizont muss vom IOC in seiner Friedenspolitik verankert werden eingeschlossen der Tatsache, dass es in manchen Regionen der Welt keine staatsfähigen Nationen gibt, sondern nur Stämme, religiöse Gemeinschaften, Ethnien, die untereinander zutiefst verfeindet sind.

Auch nichtstaatliche bewaffnete Akteure müssen also in die Regeln einer olympischen Friedensordnung eingebunden werden.

Jede Art von Krieg, auch solche mit dem erklärten Ziel, demokratische Verhältnisse herzustellen, ist nicht zu rechtfertigen. Auf jedwede Art von Begründung für einen Kriegsbeginn darf es niemals ankommen.

Kann sich das IOC mit der Forderung nach Anwendung der Konzeption der „Schutzverantwortung" (Responsibility to Protect) für die Zeit der Olympischen Spiele begnügen, dem Maßnahmenkatalog der UN zur Verhinderung bewaffneter Konflikte? Zu dieser Doktrin haben sich auf dem UN-Gipfeltreffen 2005 die Staatschefs aller Mitgliedsstaaten bekannt. Das war die Reaktion auf die Unfähigkeit der internationalen Gemeinschaft, die Genozide in Ruanda und Bosnien abzuwenden.[80]

Die Spielregeln dieser internationalen Verpflichtung, die militärisches Eingreifen nur als allerletztes Mittel anerkennt, wurden von Russland nicht erst seit 2022 unterminiert. Es gibt auch weitere Mitspieler die Probleme haben, sich einen Reim auf globale Entwicklungen zu machen, nicht zu vergessen das Vetorecht im Sicherheitsrat der UN. Für deren Generalversammlung gilt das nicht, aber die Beschlüsse dieses Gremiums müssten erst durchgesetzt werden – und dann von wem?[81]

Das IOC muss also eigene Regeln in die Welt setzen. Klar ist, dass das bloße anerkannte Bestehen von sanktionsbewehrten Doktrinen allein noch keinen Schutz bietet, aber es kann Bewusstsein schaffen, Bewusstsein dafür, dass es ernsthafte Friedensbemühungen gibt, die dem Olympischen Frieden Glanz verleihen und die Welt mitreißen können.

Es wäre verwerflich, würde das IOC sich hinter politischer Neutralität weiterhin verstecken, keine aktiven Anstrengungen um einen Olympischen Frieden unternehmen, dieses Ziel nicht in die Olympische Charta überführen anstelle der dortigen wachsweich unbestimmten Formulierungen in Ziffer 2 der Grundprinzipien und in Regel 2 Ziffer 4.

Und diese Forderung muss vor aller Welt sichtbar politisch verfolgt werden. Nur dann käme das IOC seiner in Regel 2 Ziffer 1 seiner Charta selbstauferlegten Verpflichtung nach, Gewalt zu ächten. Wer jedoch angriffskriegführende oder die olym-

---

80) Der Nato-Einsatz gegen das Gaddafi-Regime 2011 war der erste Krieg, der mit dem Prinzip der Schutzverantwortung gerechtfertigt wurde. Danach hat die internationale Gemeinschaft zwar nicht rechtlich, aber moralisch eine Verantwortung massenhafte Menschenrechtsverletzungen notfalls auch mit militärischer Gewalt zu verhindern, wenn die Regierung eines Staates der Schutzverantwortung gegenüber ihren Bürgern nicht gerecht wird.

81) Dazu passend die Vorschläge von Trent/Schnurr S. 157 ff.

pische Waffenruhe brechende Nationen nicht aus dem IOC entfernt, bewirkt, dass seine Aussagen als hohle Phrasendrescherei aufgenommen werden, mit denen eine ernsthafte Befassung nicht lohnt. Politische Neutralität verrät die Ideale der Olympischen Idee erst recht dann, wenn eine UN-Resolution wie diejenige vom 2. März 2022 den Angriffskrieg mit überwältigender Mehrheit verurteilt.[82]

---

82) Die gesamte deutsche Presse am 3. März 2022 „Die Welt verurteilt Putins Krieg". Mit einer sonst fast nie erreichten Mehrheit von 141 Stimmen verurteilte die UN-Vollversammlung Russland. Nur fünf Gegenstimmen gab es (neben Russland Belarus, Nordkorea, Jemen, Eritrea). Selbst China enthielt sich und rügte das Denken Putins in Kategorien des Kalten Krieges.

# Was getan werden muss, wie sollte es weitergehen

Die Olympische Idee muss mit dem politischen Mandat des IOC wieder glaubhaft auf den Tisch des weltweiten Sportgeschehens gelegt werden.

Das IOC muss heraus aus der Rolle des „Event-Managers", der alle zwei Jahre Olympische Spiele nach seinem Franchise-Modell durchführt und die Sportwelt daran mit einer Gewinnverteilung nach seinem Gutdünken teilhaben lässt.

Es muss vielmehr Verantwortung für die Führung des Weltsportes übernehmen. Verantwortliche Führung bedeutet, sich von einem moralischen Kompass leiten zu lassen, sich dafür verantwortlich zu fühlen und vor allem verantwortlich zu handeln. Die Nationen müssen Achtung und Respekt zollen, die Weltsportverbände müssen sich daran ausrichten können.

Nicht einzelne Nationen oder Sponsoren dürfen das Sportgeschehen bestimmen, sondern der Sport selbst muss Souveränität beweisen.

Das Geschäftsmodell des IOC sollte zu einem Solidarmodell der Olympischen Idee entwickelt werden, zu einem Solidaritätsmodell für die Athleten und die olympische Bewegung. Nicht machtpolitische und ökonomische Vorgaben, sondern Entscheidungen zugunsten der Solidargemeinschaft der olympischen Bewegung, der moralisch-ethischen Werte des Sportes müssen die Oberhand gewinnen.

Die Werte des Sportes bestehen nicht an sich. Sie müssen immer wieder durch Handlungen und Beispiele von neuem bestätigt werden, sonst verlieren sie ihre herausragende Stellung. Fairness, friedliches Miteinander, gerechte Wettkampfformen für alle, Vertrauen auf die ethische Haltung der Mitbewerber, Anerkennung eines Sieges selbst in einer erbittert geführten Konkurrenz, das sind Merkmale der Olympischen Idee, die nicht von machtpolitischen oder ökonomischen Interessen überlagert werden dürfen. Die Gewährleistung dieser Markenzeichen muss als entscheidender Faktor des IOC für die Weltöffentlichkeit erkennbar sein, sonst verblassen sie und ihre Akzeptanz geht mit ihnen verloren.

Was sind das für Olympische Spiele, an denen von ihrer Regierung verfolgte Sportler nicht teilnehmen dürfen? Was sind das für Spiele, an denen ein Land dem anderen die Teilnahmebedingungen diktieren kann (China gegen Taiwan)? An denen Dopingverdächtige teilnehmen dürfen, selbst wenn deren Land Staatsdoping nachgewiesen wurde? Bei denen ein Teilnehmer sich nicht begegnen dürfen[83] oder dem anderen den Handschlag verweigern müssen? Bei denen Sportler eines Landes politisch angewiesen werden, die Siegerehrung für ein anderes Land zu verlassen? Wenn ein Land die Teilnahme eines anderen verhindert? [84] Wie soll ein wirklicher und so auch anerkannter Olympischer Frieden entstehen, wenn das IOC gegen solche Vorkommnisse keine Zeichen setzt? (Sanktionsregel 23 der Charta).

Das politische Mandat des IOC muss sich deshalb auf zwei Handlungsfelder der Zukunft konzentrieren. Welche Olympischen Spiele will ich und wie kann ich den Olympischen Frieden zu einem realen Erlebnis gestalten?

---

83) Zwischen Ukrainern und Russen – FAZ v. 28. Jan. 2022 „Erpressung und Nötigung"
84) FAZ v. 10. Jan. 2018 „Eiskunstläufer statt Raketen?"

## 1. Die Veranstaltungswende der Olympischen Spiele

Thomas Bach hat „seine" Charta mit einer „Agenda 2020" überarbeiten lassen — mehr Nachhaltigkeit der Anlagennutzung, vertretbarere Kosten, Mehr-Länder-Veranstaltungen — aber im Bewusstsein der breiten Bevölkerung steht nach wie vor der Gigantismus der Spiele im Fokus.

Was bedeutet Nachhaltigkeit olympischer Anlagen? Werden die Spiele von nun an nur noch an Olympia-Orte vergeben, die schon einmal „dran" waren? Anfang Juli 2022 ließ das IOC eine von ihm in Auftrag gegebene Studie zur langfristigen Nutzung von olympischen Sportstätten verbreiten, in der 85 % Nachhaltigkeit attestiert wurde. Diese Feststellung wurde allerdings in der ARD-Sportsendung am 17. Juli 2022 unter Hinweis auf die realen Gegebenheiten vor Ort zu Recht deutlich relativiert.

Das IOC ist zu einer Doppelvergabe mit verkürztem Bewerbungsverfahren übergegangen — Paris 2024, Los Angeles 2028. Eine solche ist auch für den Wintersport ins Auge gefasst, denn Sapporo und Salt Lake City sind die einzigen Bewerber für 2030 und 2034 — dazu beide noch nicht endgültig ins Rennen gegangen. Das sieht schon nach Notwehr im laufenden Geschäftsmodell aus, nach Angst davor, dass sich kaum noch Bewerber finden. Verschärfend werden sich die Klimaveränderungen auf die Winter-Bewerbungen auswirken.

Die Wende weg vom bisherigen Veranstaltungsmodell hat zwei Aspekte: Zum einen den praktischen Aspekt: Der bisherige Anforderungskatalog des IOC für Bau- und Ausstattung von Sportanlagen muss verändert werden.

Olympische Spiele sind keine internationalen Bau-Ausstellungen und kein Show-Wettbewerb für Architekten. Sie sollten auch nicht mehr schablonenartig einer Landschaft oder Stadt übergestülpt werden. Es muss vielmehr darum gehen, sie so auszuformen, dass sie einer Stadt oder einer Region gut tun, sich auch landschaftsmäßig anpassen. Das bisherige IOC-Motto: „Übernehmt die letzten Spiele und macht sie möglichst etwas schöner und glänzender" darf keine Zukunft haben.

Olympische Spiele sind eine Sportveranstaltung und kein City-Entwicklungsprojekt. Das Olympische Dorf sollte im Zentrum derartiger Überlegungen stehen. Es kann auch am ehesten nachhaltige Wirkung erzeugen, weil es relativ einfach in Wohnbebauung umzusetzen ist. In jedem Falle sind vorhandene Sportstätten einzubeziehen.

Ein hervorragendes Beispiel bildet der Münchner Olympiapark mit dem Olympiastadion als Zentrum. Unter Ausnutzung der Besonderheiten des Veranstaltungsortes (große Plätze, breite lange Straßen, unterschiedliche Höhenlagen) kann man in vielen Sportarten den Zuschauern das unmittelbare Erleben der Athleten bieten. Auf Paris 2024 ruhen große Hoffnungen. So könnten die Städte derart zum sportlichen Flirren gebracht werden, dass sie sich um die Veranstaltung Olympischer Spiele reißen.

Gegebenenfalls müsste eine Sportart ausgesetzt oder die internationale Norm eines Verbandes heruntergeschraubt werden, wenn sie nur durch aufwendig teure Baumaßnahmen bewerkstelligt werden könnten.[85]

Zudem können an vielen Stellen der praktischen Organisation die Stellschrauben gedreht werden – wie zum Beispiel an der Steuerbefreiungsschraube. Sie muss zugunsten der Nachwirkung von Olympia neu fixiert werden Die Veranstaltungsorte müssen von ihrer Gastgeber-Rolle „etwas haben", nicht

---

85) Eine Schwimmhalle muss nicht 10 Schwimmbahnen in einem Becken vereinen. Weltrekorde wurden auch in Hallen mit „nur" 8 Bahnen geschwommen, wie sie vielerorts vorhanden sind. Die auf- und abbaubaren Holzpisten der Bahnradfahrer könnten auch einmal unter der Standardlänge für internationale Meisterschaften liegen, wenn sie damit in eine vorhandene Halle passen würden.

nur Hinterlassungskosten. Die Spiele zu zerfleddern, in viele voneinander entfernt liegende Zentren, kommt der Olympischen Idee eines Treffens der Jugend der Welt nicht entgegen.

Noch wesentlicher aber ist der zweite Aspekt der Veranstaltungswende, die ideelle Veränderung des Ansehens der Spiele. Wenn der Kopf nichts vorgibt, verlieren die unteren Körperteile.

Wenn das IOC zukünftig die Olympische Idee nicht klar, ernst zu nehmen und willensstark deutlich in den Mittelpunkt seiner Vorgaben für die angeschlossenen Verbände und Institutionen stellt, wird sein Ansehen den Nullpunkt, den es in Peking 2022 erreicht hat, sobald nicht verlassen.

Genügt dazu eine Verpflichtung auf Einhaltung der Menschenrechte, wie sie ab Paris 2024 allen veranstaltenden Nationen auferlegt werden soll? Mitnichten! Einen solchen Passus werden alle unterschreiben mit der darin liegenden Feststellung, dass es Derartiges bei ihnen nicht gibt.

Und selbst wenn dahingehende Vorwürfe laut und öffentlich werden , gelingt es immer, sie mit gut stilisierter Empörung als verbotene „Einmischung in innere Angelegenheiten" zurück zu weisen – wie am Beispiel China 2022 bereits vorgezeichnet wurde. Alle handeln natürlich im Rahmen der in ihrem Lande geltenden Gesetze.

Nein, eine ideelle Veränderung kann nur durch ein glaubhaftes „Weg" vom Verdacht des Show-Sportes voller Kommerz, Korruption und Doping zu einem „Hin" zur Betonung der Basis der Olympischen Idee gelingen. In Deutschland hat das Handball-Präsident Andreas Michelmann als Sprecher der Mannschaftssportverbände im DOSB in seinem Interview mit der FAZ am 14. November 2022 hervorgehoben.

Eine erste Konsequenz betrifft die Zulassungsregeln. Nationen, die einen militärischen Angriff auf andere Nationen führen, sind „ohne wenn und aber" mit sämtlichen Teilnehmern von Olympia auszuschließen, Ebenso sollte mit Nationen verfahren werden, die ihren Mannschaften politische Verhaltens-weisen vorgeben (Nichtantritt, Grußverweigerung, Abkehr von der Flagge und Hymne, Begegnungsverbote). Die Zulassungs-regeln sind zwar Sache der Sportverbände, diese können aber durch das IOC entsprechend reguliert werden (siehe die Zulas-sung neuer Sportarten und Wettbewerbe). Das gleiche hat bei nachgewiesenem Staatsdoping zu gelten, unabhängig davon, ob ein individuelles Fehlverhalten nachgewiesen werden kann.

Die Möglichkeit des Betruges auf der Basis staatlicher Hilfe muss ausreichen.

Eine weitere Konsequenz betrifft den Schutz der Athleten. Nationen, die Athleten keine freie Sportausübung sicherstel-len, die im internationalen Sportverkehr nicht freies Geleit gewährleisten oder ihn in sonstiger Weise behindern, die Fair-ness des Wettkampfes beeinflussen lassen, dürfen nicht zur olympischen Bewegung gehören. Ebenso nicht, wer anderen Ländern die Teilnahme an Olympia zu verwehren sucht, wer asylsuchenden Athleten keinen Beistand leistet, wer opposi-tionelle Sportler verfolgen lässt. Wer menschenverachtendes Training oder Betrug mit Substanzmitteln durchgehen lässt, schließt sich als Betreuer oder Trainer von der Teilnahme an Olympia aus. Letztlich kann auch die Sponsorenschaft des IOC nicht ohne Rücksicht auf die Grundwerte der Olympischen Idee behandelt bleiben. Eine Diskriminierung von Athleten oder eine Beteiligung daran– in welcher Form auch immer zu denken – muss zum Ausschluss aus der olympischen Wertege-meinschaft führen.

## 2. Die Verfestigung des Olympischen Friedens als Baustein einer Wende

Ein Friedensfest der Völker – wenn auch nur auf Zeit – als Anspruch und ernsthafter Wille verkörpert im IOC, das wäre schon ein Wert an sich. Erst recht, wenn er sich eine eigene Identität zu schaffen vermöchte und sich nicht nur in unverbindlichen Resolutionen und sinnbildlichen Absichtserklärungen wiederfände.

Die UN-Resolution der 76. Vollversammlung bietet eigentlich einen brauchbaren Rahmen für praktische Politik. Bei diesem zweiten Handlungsfeld handelt es sich um die Realisierung des Zentralbegriffes der Olympischen Idee. Auf der Basis der UN-Resolution den Olympischen Frieden in der Olympischen Charta zu verankern wäre ein erster wichtiger Schritt, denn daran wären alle Welt-Verbände des Sports und alle NOK gebunden. Wessen Nation gegen den Olympischen Frieden egal in welcher Form verstößt, darf keine Mannschaft zu Olympia entsenden.

Aber sprichwörtlich ist eine Regel, die nur auf dem Papier steht das Papier nicht wert, auf dem sie steht. Deshalb müssen weitere Schritte gegangen werden, um eine tatsächliche, weil allseits anerkannte, Zone des Friedens zu schaffen.

Für die zu treffenden Vereinbarungen wäre die Organisation in Gestalt des IOC gegeben. Die inhaltlichen Verpflichtungen gilt es zu präzisieren. Denn es sind ja nicht nur Länder, die eine Zeit des Friedens mit kriegerischen Mitteln stören.

Militärische Überlegungen zu etwaigen Vorbeugemaßnahmen müssen dabei von Anfang an ausscheiden. Wenn militärische Handlungen den Frieden bei Olympia sichern müssten, wären solche Spiele es nicht wert, die Rubriken „völkerverständigend" und „dem Frieden dienend" zu tragen. Es fehlt jegliches antike Vorbild, das doch als Pate der Bemühungen um einen Olympischen Frieden steht.

Es muss sich um Initiativen handeln, von denen die Eliten der Völker und die Bürger in den Nationen der Welt erkennen, dass es um einen echten Frieden in der Welt geht für den es sich lohnt, sich bei seiner Regierung einzusetzen.

Forderungen nach Frieden hören alle oft genug und ordnen sie als politische Pflichtübung ein. Die Menschen müsste also die Hoffnung auf einen realen Frieden erfassen, um sie mitzureißen. „Hoffnung ist nicht die Überzeugung, dass etwas gut ausgeht, sondern die Gewissheit, dass etwas Sinn hat, egal wie es ausgeht" hat Vaclav Havel den Maßstab gesetzt. Wenn die Menschen wieder hoffen können werden sie auch bereit sein, für diese Hoffnung zu arbeiten, sie politisch zu erstreiten.

Die Politik des Sportes muss die fehlende Friedenspolitik der Nationen ersetzen. Demokratisch verfasste Staaten werden sicherlich eine Verpflichtung eingehen, den Olympischen Frieden einzuhalten. Mit jedem Staat und auch Staatengemeinschaften wie der EU wäre eine solche Verpflichtung gegenüber dem IOC abzuschließen, auch mit diktatorisch- autoritären Regierungen. Wer sich weigern würde, erhielte keine Einladung zu Olympia.

Was aber geschieht, wenn die eingegangene Verpflichtung nicht eingehalten wird? Das IOC hat über den sofortigen Ausschluss von den Spielen hinaus kein anderes Zwangsmittel in der Hand. Dann ist die Solidarität der Gemeinschaft der teilnehmenden Staaten der alles entscheidende Faktor – wie sie sich gegen den Friedensstörer Russland im Ukraine-Krieg im Februar/März 2022 gezeigt hat.[86]

---

86) Garri Kasparow, russischer Schachweltmeister von 1985–2000: „Es ist das erste Mal seit dem Ende des Kalten Krieges, dass fast die ganze Welt zusammenhält. In meinen wildesten Träumen hätte ich eine solche Solidarisierung binnen vier oder fünf Tagen nicht erwartet" – in FAZ v. 3. März 2022 „Die größte Bedrohung der Menschheit"; in der gleichen Ausgabe: „Wiedervereint gegen Putin – Die orthodoxen Christen in der Ukraine wehren sich gegen Putin". Im Mittelalter wurde gegen denjenigen, der gegen den vom Reichstag verkündeten „Allgemeinen Landfrieden" verstieß, vom Kaiser die Reichsacht erklärt (Maximilian I. 1495). Mit der Vollstreckung wurde ein Landesfürst beauftragt. Man stelle sich eine solche Vollstreckung unter Putin vor.

Nationale Kriege waren eigentlich in der Gegenwart des 21. Jahrhunderts eher in den Hintergrund getreten. Vordergründig wurden Friedenshindernisse, die unter der Ost-West-Systemhülle verborgen waren. Neue Nationalstaaten mit ethnisch-separatistischen Bestrebungen, aufbegehrende Minderheiten im Ringen um ihre kulturellen Eigenheiten, der Kampf um die Nutzung von Wasser und Bodenschätzen, Armut und Überlebenskampf in einigen Regionen der Welt, sowie der Kampf der Religionen untereinander und gegeneinander haben den Frieden nicht gewisser und sicherer gemacht. Vor allem die religiösen Lärmquellen sind einem Störfaktor erster Ordnung für jeglichen Frieden in der Welt geworden. Der daraus entstandene Fundamentalismus hat sich zu einem Virus entwickelt, der die Welt infiziert hat und der nicht nur durch den Vorderen Orient fegt.

Schon in den ersten zwei Jahrtausenden hat es im Namen der Religionsstifter (Gott, Allah, Buddha, Jehova) unzählige Kriege, Morde, Tote, Gefolterte und Vertriebene gegeben. Das setzt sich in der Gegenwart fort, wenn sich eifernde Gläubige in Irland und Indien an die Gurgel gehen, Sunniten und Schiiten sich gegenseitig ins Jenseits bomben, Zionisten und Palästinenser sich ewige Rache schwören, Hindu-Heilige und Mullahs ihre eigenmächtigen Zirkel abstecken, oder die orthodoxe Kirche den Putin-Krieg preist.[87]

Gegen diese rücksichtslose Friedensgefährdung muss das IOC Vereinbarungen mit den Religionsführern aller Religionen herbeiführen, den Olympischen Frieden zu respektieren und entsprechend auf ihre Gläubigen einzuwirken.

---

87) Die Zeit v. 30. Okt. 2014 „Das Gesetz des Gemetzels"; FAZ v. 16. Febr. 2015 „Wie auch Christen und Buddhisten metzeln" und v. 31. Mai 2021 „Der Kampf um Jerusalem" sowie v. 11. März 2022: „Kein Gebet für den Patriarchen" und v. 14. März 2022: „Der heilige Krieg des Patriarchen". Atai S. 53.

Mit der Verbindung von Frieden und Sport wäre für alle Religionen eine zukunftsgestaltende Hoffnung zu setzen. Die Menschen überall auf der Welt, egal welcher Glaubensrichtung, würden die Olympischen Spiele herbeisehnen, weil sie für diese Zeit Ruhe finden könnten. Und sie würden den Atem anhalten, dass er auch tatsächlich einträte. Vor allem aber träte eines ein: Der Widerspruch zwischen Frieden predigender, aber Unfrieden praktizierender Realität von Religionsmächtigen läge vor aller Welt offen.

# Schlusswort

Die Menschen haben immer die Sehnsucht etwas hervorzubringen, was Mitmenschen beachtlich finden und der Nachwelt ein Zeichen hinterlässt. Diese Sehnsucht hat in den Epochen der Menschheitsgeschichte immer Ausdrucksformen gefunden. Das IOC kann der Welt ein solches Zeichen setzen indem es glaubhaft belegt, dass die Olympische Idee auch im zweiten Jahrhundert ihrer Wiederbelebung eine tragfähige Grundlage für die Veranstaltung Olympischer Spiele bilden kann.

Der Niedergang einer großen Idee muss aufgehalten werden. Mit Peking 2022 ist das Ansehen des IOC auf einem Tiefpunkt angelangt. Seine Ausrede von der „Politischen Neutralität" wurde als Ausflucht vor der Übernahme von Verantwortung, als verantwortungslose Drückebergerei, als Geschäftsmodell entlarvt. Eine Kehrtwende seiner Rechtfertigungskultur erscheint zwingend.

Ein „Olympischer Frieden" ist machbar. Er könnte in einem „Weltethos" des IOC geformt werden in dem klargestellt wäre, dass die Werte des Sportes und der Wille, sie zu gestalten, unabhängig von jeder politisch- gesellschaftlichen Situation Vorrang zu genießen haben.

Den Anstrengungen darum wäre Unterstützung gewiss, weil die bleibende Sehnsucht der Menschen aller Nationen und Hautfarben nach einer moralischen Verständigung der Völker eine politische Dimension darstellt, die aber durch die Wahrnehmung des Mandates geweckt und mit glaubhafter Hoffnung angereichert werden muss.

Der Weg dahin mag steinig erscheinen. Wenn man ein Gebirge abtragen will, muss man mit kleinen Steinen beginnen. Aber es ist keine gewagte Prognose, dass sich nach ernsthaftem Beginn mehr und mehr Anhänger finden werden, denen die Olympische Idee als Jahrtausende alte Sportkultur wesensimmanent ist. Am Ende werden alle mitmachen, denn die Abkehr vom Olympismus der gestalteten Gegenwart, ein ausstrahlungsfähiger, fairer friedlicher Sport rechtfertigt jede politische Unterstützung.

Sport kann besser sein, als die Gesellschaft, Vorbild, nicht lediglich Abbild. Das ist keine Utopie von etwas Unmöglichem, sondern eine Vision, wie sie immer etwa auch der deutschen Wiedervereinigung zugrunde lag. Eine Vision kann man erreichen, wenn man es denn wirklich will.

URALTER UNSTERBLICHER GEIST, WAHRER VATER
DER SCHÖNHEIT, DER GRÖSSE UND DER WAHRHEIT
STEIG HERAB, OFFENBARE DICH UNS HIER ALS BLITZ
IN DER HERRLICHKEIT DEINER WELT, DEINES HIMMELS.

BEIM LAUFEN, RINGEN UND BEIM WEITWURF
ERLEUCHTE DIE KRAFT, DIE DEN EDLEN SPIELEN INNEWOHNT
UND KRÖNE MIT DEM NIE VERWELKENDEN ZWEIG
UND MACHE DEN KÖRPER EHRENWERT UND WIE AUS STAHL.

EBENEN, BERGE UND MEERE LEUCHTEN VON DIR
WIE EIN WEISSER UND PURPURFARBENER GROSSARTIGER TEMPEL,
UND ES EILEN ZU DEM TEMPEL HIER, ALS DEINE PILGER,
ALLE NATIONEN, O URALTER, UNSTERBLICHER GEIST.

DIE OLYMPISCHE HYMNE
IN DER FASSUNG VON 1896

Die teilweise restaurierten Ruinen des um 590 v. Chr.
in Olympia errichteten Tempels der Hera. Bildquelle: Wikipedia

# Abkürzungsverzeichnis

| | |
|---|---|
| ARD | Arbeitsgemeinschaft der Rundfunkanstalten (Erstes Deutsches Fernsehen) |
| BZ | Berliner Zeitung |
| Das Parlament | Wochenzeitschrift des Deutschen Bundestages |
| DE | Darmstädter Echo |
| DOSB | Deutscher Olympischer Sportbund |
| Die Zeit | Deutsche Wochenzeitung |
| EU | Europäische Union |
| FAS | Frankfurter Allgemeine Sonntagszeitung |
| FAZ | Frankfurter Allgemeine Zeitung |
| FIFA | Weltfußballverband |
| FINA | Internationaler Schwimmverband |
| IAAF | Leichtathletik-Weltverband |
| IIFI | Eishockey-Weltverband |
| IOC | Internationales Olympisches Komitee |

| | |
|---|---|
| ISU | Internationale Eislauf-Union |
| ITA | Internationale Testagentur des IOC |
| NHL | Amerikanische Eishockey-Liga |
| NOK | Nationales Olympisches Komitee |
| NZZ | Neue Zürcher Zeitung |
| OK | Organisationskomitee |
| Rusada | Russische Doping-Agentur |
| UEFA | Europäischer Fußballverband |
| UNO/UN | Die Vereinten Nationen |
| WDR | Westdeutscher Rundfunk |
| WM | Weltmeisterschaften |
| ZDF | Zweites Deutsches Fernsehen |

# Literaturverzeichnis

| | |
|---|---|
| Golineh Atai | Die Wahrheit ist der Feind<br>Rowohlt-Verlag Berlin – 3. Auflage 2022 |
| Catherine Belton | Putins Netz – 3. Auflage – Hamburg 2022 |
| Ronny Blaschke | Machtspieler – Fußball in Propaganda, Krieg und Revolution – Bonn 2020<br>Sonderdruck Bundeszentrale für politische Bildung |
| Martin Guan<br>Djieu Chan | Der erwachte Drache –<br>China im 21. Jahrhundert<br>Konrad Theiss-Verlag Stuttgart 2008 |
| Carl Diem | 776 v. Chr. Olympiaden 1964<br>Eine Geschichte des Sports<br>Stuttgart 1964 |
| Helmut Digel | Olympische Spiele –<br>Ein Weg aus der Krise<br>Internet-Auftritt vom 18. Juli 2022 |
| Alexander Görlach | Brennpunkt Hongkong – Hamburg 2020 |
| Thomas Grimm | Der Kracher von Moskau – Fußball zwischen Politik und Sport – Bonn 2015 |
| Thomas Grimm/<br>René Wiese | Die kalten Ringe – Gesamtdeutsch nach Tokio 1964 – Bonn 2020 |
| Oliver Hilmes | Berlin 1936 – Siedler-Verlag München<br>3. Auflage 2016 |

| Thomas Kistner | Fifa-Mafia – Die schmutzigen Geschäfte mit dem Weltfußball – Droemer-Verlag München 2012 |
| Phil Klay | Den Sturm ernten Suhrkamp-Verlag – Berlin 2021 |
| Philipp Mattheis | Ein Volk verschwindet/Wie wir China beim Völkermord an den Uiguren zuschauen – Ch. Links Verlag Berlin 2022 |
| Peter Navarro | Der Kampf um die Zukunft. Die Welt im chinesischen Würgegriff Finanzbuch-Verlag – München 2008 |
| Lorenz Pfeiffer/ Moshe Zimmermann | Emanuel Schaffer – Zwischen Fußball und Geschichtspolitik – eine jüdische Trainerkarriere – Bielefeld 2021 |
| Milan Radin | Der Tormann – Leykam-Verlag – Wien 2021 |
| Fritz Roth | Vom Olympischen Frieden zum Weltfrieden – St. Augustin 2006 |
| Tobias Straumann | 1931 – Die Finanzkrise und Hitlers Aufstieg wbgTheiss – Darmstadt 2020 |
| John Trent/ Laura Schnurr | Renaissance der Vereinten Nationen – Gegenwart und Potentiale im 21. Jahrhundert – Berlin 2021 |

*Die Spiele in München sind nicht zu Ende gegangen in dem Augenblick, als das olympische Feuer erlosch. Sie haben Wirkungen gezeitigt, die in ihrem Ausmaß noch nicht abzusehen sind, im Negativen, aber doch auch im Positiven. Denn sonst hätten diese Spiele ihren Sinn verloren. Alles, was sich so schön zu erfüllen schien, vom strahlenden Auftakt bis zum zehnten Tag, ein Fest, das so sichtbar die Sehnsucht der Menschen nach Verstehen, Freude und Frieden zum Ausdruck brachte, ist durch menschliche Schuld ohnegleichen in Frage gestellt worden. Selbst in der Welt des Verbrechens gibt es noch Tabus, gibt es eine letzte Schranke der Entmenschlichung, vor der man zurückschreckt. Diese Schranke haben die Schuldigen im olympischen Dorf durchbrochen. Der Sport wird in diesem Lande nicht mehr sein, was er vorher war. Er ist zu einer Angelegenheit des ganzen Volkes geworden. Er wird zu einer neuen gesellschaftlichen und organisatorischen Orientierung finden müssen. Und dies vielleicht nicht nur in diesem Lande. Dieses Buch dokumentiert die Schönheit der Spiele vor dem Hintergrund des Schrecklichen. Es hält die Erinnerung an ein Erlebnis fest, von dem jeder in irgendeiner Form mit Erschütterung sagen kann, er sei dabei gewesen.*

Willi Daume

Präsident des Organisationskomitees
für die Spiele der XX. Olympiade
in München 1972
(Vorwort zu München/Sapporo 72)